U0712008

旅游维权安全手册

根据2013年10月1日起施行的
《旅游法》编写

徐浩然 著

中国政法大学出版社

2013 · 北京

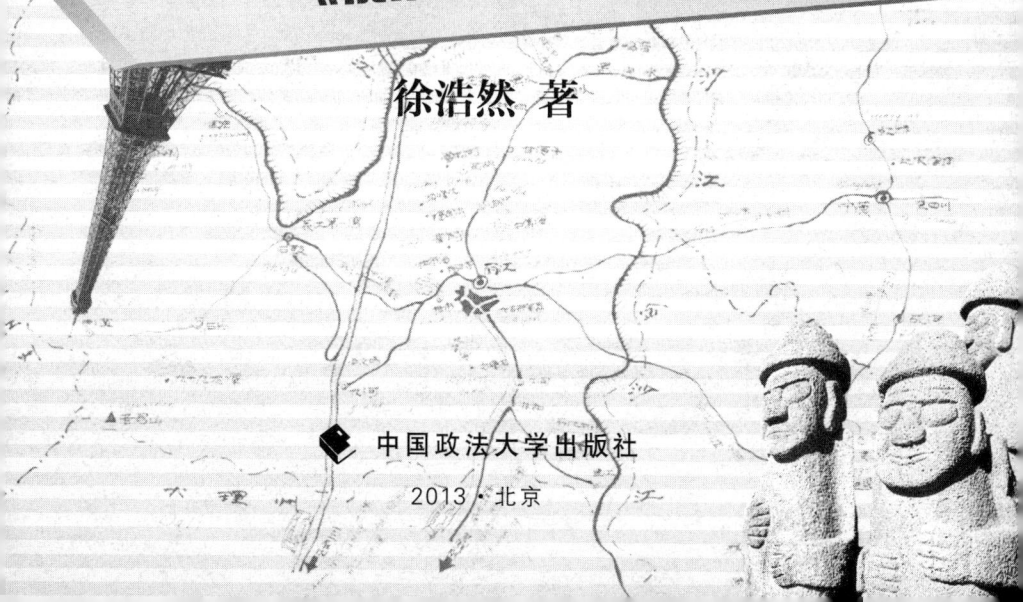

自 序

　　旅游一词，古已有之，较早可以追溯到南朝史学家沉约的《悲哉行》，诗中写道"旅游媚年春，年春媚游人"。到了唐代，旅游一词已经被大量运用，白居易的"江海漂漂共旅游，一尊相劝散穷愁"，韦应物的"上国旅游罢，故国生事微"，旅游一词的传承沿用浓缩为中华古代文明的一个组成部分，其内涵也伴随着历史的长河不断衍生。20 世纪旅游已经成为发展最快速的新兴产业之一，包含"吃、穿、住、行、游、购、娱"七大环节，环环紧扣。旅游的存在具有其特殊的意义，天、人、自然现代完美联结的旅游改变了我们对传统旅游理念的认知，旅游是一种生活方式，旅游已经成为我们生活中的一部分。

　　作为一个产业，利益的驱使回避不了矛盾和冲突。当我们从美好的精神世界回到现实，面对那些充斥在旅游产业各个环节已经司空见惯却又屡禁不止的侵权行为、侵权事件，我们需要怎样一种态度，怎样一种方式去面对旅游中可能遭遇的权益侵害，去保护自己的合法权益？结合自己这么多年的旅游维权法律服务工作，正好有大量的旅游消费维权案例，或参与，或指导，于是想总结一本旅游维权完全手册，奉献给大家。同时，我也希望借此机会能够招募一批旅游消费维权方面的专家律师，能够为网络上的维权者提供必要的法律服务支持，帮助网友解答疑难法律问题纠纷，切实的解决旅游过程中出现的法律问题。

在本书编辑工作就要结尾的时候，恰逢《甘肃青年报》的好友来京旅游。有一天晚上我请他吃饭，结果他却向我吐槽参加"北京一日游"的种种不愉快。在旅游的过程中，被导游给予各种的脸色和种种"威逼利诱"去买商品，有时候甚至是威胁，让我这位做了几十年媒体工作的朋友大失所望，这种管理混乱的"北京一日游"现象何止又是北京呢？景区门票过高、"零负团费"、恶性竞争……当前，社会公众对旅游业存在的诸多问题反映强烈。

网上关于旅游消费维权的帖子数不胜数，我想，一方面在期待旅游管理部门加强执法力度的同时，作为旅游者，更应该掌握足够的法律知识，同时，通过法律手段来维护自己的合法权益。于是，我们成立了一个旅游消费维权课题组，与搜狐网旅游频道、人民网旅游频道、新浪网、新华网、腾讯网、华律网等进行了很好的互动。本书的部分案例也是摘自这些网站提供的线索，也通过律师帮助一些旅游者维护了合法权益。

4月25日，十二届全国人大常委会第二次会议表决通过了《中华人民共和国旅游法》，我正好与全国人大代表王明雯教授在北京前门看夜景，一起聊着这些旅游立法与维权的的话题。王教授对我说，在旅游行业快速发展的今天，出台这样一部规范旅游活动、促进旅游业发展、明确旅游市场规则的综合性法律，可谓正当其时。

旅游法的立法宗旨是保护旅游者的合法权益，这也是旅游法的最大亮点。旅游法既在总则中设置了旅游者权利的相关原则规定，又单独设立旅游者专章，明确规定旅游者有权拒绝旅游经营者的强制交易行为，旅游者在人身、财产受到侵害时，有依法获得赔偿的权利。这些规定，进一步完善了保护旅游者权益的措施，使旅游者的合法权益能够从纸上落到地上。

《旅游法》将于今年 10 月 1 日起正式实施。当务之急是既要立即着手制定、完善或修改相关的配套法规，将法律的宗旨和原则变成实施的细则，又要做好《旅游法》的宣传普及工作，让法律规定为社会各界所掌握，为旅游行业的健康持续发展提供完善的法治保障。

本书的出版，也得到了计静怡律师、任国强律师、及中国政法大学在读研究生郜晗等朋友的支持与帮助，在此一并谢过。希望新旅游法的出台能够为行业带来一些正能量，从而改善行业风气和旅游环境。

徐浩然

2013 年 8 月于东交民巷

目　录

旅游热点事件与案例分析

参团旅游签合同，发生纠纷有凭证

案例回放

几名北京游客参加某旅行社组织的旅游团赴外地旅游，到达景区后地接社将他们与另外几拨儿客人合拼成一个旅游团，行程中的景点好多与他们要去的不符，而且约定的三星级宾馆也被改成了两星级。事后这几名游客向旅行社进行投诉，但由于双方事先没有任何书面合同，因此游客也无法证明旅行社违约。

律师点评

旅行社组织和安排旅游活动，应当与旅游者订立合同，并按照约定履行义务。国家旅游局 2000 年出台了"国内旅游标准合同范本"以及"出境旅游标准合同范本"，规定旅行社必须与旅游者签订合同，并推荐使用标准范本。

法律依据

1.《中华人民共和国旅游法》（2013 年 10 月 1 日起施行）

第五十七条　旅行社组织和安排旅游活动，应当与旅游者订立合同。

第五十八条　包价旅游合同应当采用书面形式，包括下列内容：

（一）旅行社、旅游者的基本信息；

（二）旅游行程安排；

（三）旅游团成团的最低人数；

（四）交通、住宿、餐饮等旅游服务安排和标准；

（五）游览、娱乐等项目的具体内容和时间；

（六）自由活动时间安排；

（七）旅游费用及其交纳的期限和方式；

（八）违约责任和解决纠纷的方式；

（九）法律、法规规定和双方约定的其他事项。

订立包价旅游合同时，旅行社应当向旅游者详细说明前款第二项至第八项所载内容。

2.《旅行社管理条例》

第六十一条　旅行社违反旅游合同约定，造成旅游者合法权益受到损害，不采取必要的补救措施的，由旅游行政管理部门或者工商行政管理部门责令改正，处 1 万元以上 5 万元以下的罚款；情节严重的，由旅游行政管理部门吊销旅行社业务经营许可证。

运输公司搞旅游，游客遇险无人赔

案例回放

今年"五一"，一名陕西游客投诉陕西省某运输公司，称他们一家三口参加了该公司组织的"陕西——山西——绵山五日游"，交纳了 1000 元费用。旅游过程中，一名游客意外受伤并终生致残，运输公司虽然积极参与抢救，但拒绝为他们的过失而理赔。

律师点评

参团旅游要找正规旅行社已是老生常谈的话题，但有些旅游者出于种种原因还是上当受骗。运输公司怎么能经营旅游业务呢？这名游客在该公司的宣传海报中甚至发现了这样荒唐的话："为了拓宽公司收入渠道，积极走向外部市场，我公司从 1999 年开始增加旅游业务，先后推出 16 条长途和 12 条短途路线，并成功运营，创收 30 万元"。消费者参加这样的旅游团一是得不到参加正规旅行社所能提供的旅游保险的保障；二是由于运输公司不属于旅游行业，因此旅游部门也无法对其进行有效的查处。

法律依据

1.《中华人民共和国旅游法》（2013 年 10 月 1 日起施行）

第二十八条　设立旅行社，招徕、组织、接待旅游者，为其提供旅游服务，应当具备下列条件，取得旅游主管部门的许可，依法办理工商登记：

（一）有固定的经营场所；

（二）有必要的营业设施；

（三）有符合规定的注册资本；

（四）有必要的经营管理人员和导游；

（五）法律、行政法规规定的其他条件。

2.《旅行社管理条例》

第四十六条 违反本条例的规定，有下列情形之一的，由旅游行政管理部门或者工商行政管理部门责令改正，没收违法所得，违法所得 10 万元以上的，并处违法所得 1 倍以上 5 倍以下的罚款；违法所得不足 10 万元或者没有违法所得的，并处 10 万元以上 50 万元以下的罚款：

（一）未取得相应的旅行社业务经营许可，经营国内旅游业务、入境旅游业务、出境旅游业务的；

（二）分社的经营范围超出设立分社的旅行社的经营范围的；

（三）旅行社服务网点从事招徕、咨询以外的活动的。

旅行社承包挂靠，承包者卷款潜逃

案例回放

2000 年 12 月至 2001 年 1 月间，黎某、杜某（湖南张家界人）等人，以北京中天旅行社接待部名义，租用北京崇文门饭店 203 房间作为经营场所，并以北京中天旅行社名义发布广告，在收取游客大量旅游款或购票订金后携款潜逃，此案共涉及游客 355 人，金额 99 万余元，堪称旅游业大案。此案系中天旅行社内部管理混乱将部门随意承包所造成的，北京市旅游局在认定责任后，依据有关规定对该社进行了停业整顿，并动用了其10万元服务质量保证金对游客进行补偿。

律师点评

旅行社的随意承包挂靠，实质是非法转让或变相转让许可证的违规经营行为，北京中天旅行社的行为就是终酿恶果的典型事件。在此要告诫旅游者，报名时不要怕麻烦，需留心核查组团单位的资质，问明情况，如在门市部报名不妨找总社核实。此案的受害者交款后拿到的都不是正式发票而是收据，有的甚至是白条，而且所签旅游合同和收据上的章都是部门印章，而部门印章是不具有完全法律效力的。

法律依据

1. 《旅行社管理条例》

第六条 申请设立旅行社，经营国内旅游业务和入境旅游业务的，应当具备下列条件：

（一）有固定的经营场所；

（二）有必要的营业设施；

（三）有不少于30万元的注册资本。

第十条 旅行社设立分社的，应当持旅行社业务经营许可证副本向分社所在地的工商行政管理部门办理设立登记，并自设立登记之日起3个工作日内向分社所在地的旅游行政管理部门备案。

旅行社分社的设立不受地域限制。分社的经营范围不得超出设立分社的旅行社的经营范围。

第十一条 旅行社设立专门招徕旅游者、提供旅游咨询的服务网点（以下简称旅行社服务网点）应当依法向工商行政管理部门办理设立登记手续，并向所在地的旅游行政管理部门备案。

旅行社服务网点应当接受旅行社的统一管理，不得从事招徕、咨询以外的活动。

导游擅自增加购物点强迫购物

案例回放

四川阿坝州导游管理服务有限公司导游秦某，于2006年7月19日经九寨沟光大旅行社委派带领来自北京等地散客旅游团赴黄龙、九寨沟游览。该团在前往黄龙景区途中，秦某以高山缺氧需要氧气以防高山反应为由，在明知当地政府物价部门对氧气25元/听定价的情况下，向旅游者以50元/听进行宣传动员购买，并让旅游汽车开至松潘县川主寺安多高原供氧中心，让该中心人员上车向游客销售氧气。当旅游者进入黄龙景区发现当地的氧气销售点所销售的价格低于秦某所宣传推销的价格并质疑后，秦某则以50元/听是人用氧，20～30元/听不是纯氧，是工业用氧的谎言欺骗旅游者。事后，旅游者得知事实真相深感受骗，在《人民日报》上披露了秦姹欺骗旅游者消费的行为。

四川省旅游执法总队经调查取证后认为，当事人秦某欺骗旅游者消费的行为，违反了《导游人员管理条例》第16条的规定，造成了不良社会影响，情节严重。根据《导游人员管理条例》第24条的规定，做出吊销当事人秦某导游证的处罚。同时，责令委派秦某的九寨沟光大旅行社停业整顿。

律师点评

1. 导游人员应当严格遵守《导游人员管理条例》、《导游人员管理条例实施办法》等法规、规章，按照《导游服务质量》的规范要求，严格执行团队接待计划，切实做到诚信服务，优质接待，不得为个人利益擅自增减旅游项目欺诈游客消费。

2. 旅游者在出游前应当适当了解旅游目的地的相关信息，特别是对高原地区等特殊区域的地理气候状况，更要了解相关知识并做好物质准备。在团队运行中出现急需处理的违约或违规问题时，应立即拨打组团社或当地旅游主管部门公布的旅游投诉电话，并注意保存和收集有效的证据。

法律依据

《导游人员管理条例》

第九条 导游人员进行导游活动，必须经旅行社委派。

导游人员不得私自承揽或者以其他任何方式直接承揽导游业务，进行导游活动。

第十六条 导游人员进行导游活动，不得欺骗、胁迫旅游者消费或者与经营者串通欺骗、胁迫旅游者消费。

第二十四条 导游人员进行导游活动，欺骗、胁迫旅游者消费或者与经营者串通欺骗、胁迫旅游者消费的，由旅游行政部门责令改正，处1000元以上3万元以下的罚款；有违法所得的，并处没收违法所得；情节严重的，由省、自治区、直辖市人民政府旅游行政部门吊销导游证并予以公告；对委派该导游人员的旅行社给予警告直至责令停业整顿；构成犯罪的，依法追究刑事责任。

导游车祸受伤，旅游公司负责赔偿

案例回放

王英系某旅游公司导游，在一次带旅游团队外出后，乘坐刘明驾驶的中型客车归来（刘明为某汽车公司员工，客车系旅游公司向汽车公司租赁使用）。途中遭遇车祸致使王英受伤。经交通管理部门认定：刘明应负该事故的主要责任；王英不负事故责任。治疗出院后，王英为赔偿问题诉至法院，要求旅游公司赔偿医疗费、误工费等共计 10 000 余元。

法院审理后认为：雇佣关系以外的第三人造成雇员人身损害的，赔偿权利人可以请求第三人承担赔偿责任，也可以请求雇主承担赔偿责任。王英作为旅游公司的雇员，在从事雇佣活动中遭受人身损害后要求旅游公司承担赔偿责任，符合法律规定，予以支持。据此，法院依法判决：旅游公司赔偿王英医疗费、住院伙食、营养费、交通费共计人民币 10 000 余元。（文中人物均系化名）

律师点评

本案涉及到雇主对雇员遭受雇佣关系以外的第三人造成的人身损害赔偿的法律问题。首先此处的雇佣关系为狭义的雇佣关系，是指没有纳入依照法律法规规定应当参加工伤保险统筹的雇佣关系，不包括《劳动法》所指的劳动关系。对属于《劳动法》和《工伤保险条例》调整的劳动关系，受害人不能对用人单位（雇主）提起民事损害赔偿诉讼，应当依照《工伤保险条例》的规定，向工伤保险机构请求工伤保险赔偿，对工伤保险赔偿有争议的，属于劳动争议纠纷，按照劳动争议案件的处理程序，必须先向劳动争议仲裁委员会申请仲裁，对仲裁决定不服的，才可以向人民法院起诉。本案王英与某旅游公司即为雇佣关系而非劳动关系。根据相关规定，雇佣关系以外的第三人造成雇员人身损害的，赔偿权利人可以请求第三人承担赔偿责任，也可以请求雇主承担赔偿责任。雇主承担赔偿责任后，可以向第三人追偿，此为民法理论上的不真正连带债务。对不真正连带债务，一般的理解是：指数个债务人基于不同的发生原因而对于同一债权人负有以同一给付为标的的数个债务，因一个债务人的履行而使全体债务均归于消灭。具体到本案，其特征如下：（1）直接侵权人应当承担侵权赔偿责任，但雇主对于雇员的人身安全负有保护责任，雇员在为其工作中受到伤害，雇主亦应承担赔偿责任。这就是说，雇主和侵权第三人都应承担责任，但二者承担责任的原因是不同的。（2）受害人既可以基于第三人的侵权行为向其主张权利，也可以基于雇员同雇主之间的雇佣关系向雇主主张权利，并且这两个请求权是分别独立的。（3）雇主及侵权第三人对雇员所负的赔偿债务的发生，既无共同行为，也无相互的某种约定，只是一种偶然的巧合。（4）侵权第三人和雇主向受害人所负的债务，其内容是完全相同的，只要其中一人向受害人履行了赔偿义务，受害人就不能再向另一人求偿。（5）第三人作为直接的侵权行为人是最终的责任承担者，雇主在履行了赔偿责任后，可以向第三人追偿。本案中，若旅游公司为王英购买工伤保险，那么自然不承担任何赔偿责任，所以建议公司为员工购买工伤保险。另外，根据法律规定，旅游公司承担赔偿责任之后，可以向照成王英人身损害的第三人追偿。

法律依据

1.《民法通则》

第九十八条　公民享有生命健康权。

2.《侵权责任法》

第十六条　侵害他人造成人身损害的，应当赔偿医疗费、护理费、交通费等为治疗和康复支出的合理费用，以及因误工减少的收入。造成残疾的，还应当赔偿残疾生活辅助具费和残疾赔偿金。造成死亡的，还应当赔偿丧葬费和死亡赔偿金。

3.《最高人民法院关于审理人身损害赔偿案件适用法律若干问题的解释》

第十一条　雇员在从事雇佣活动中遭受人身损害，雇主应当承担赔偿责任。雇佣关系以外的第三人造成雇员人身损害的，赔偿权利人可以请求第三人承担赔偿责任，也可以请求雇主承担赔偿责任。雇主承担赔偿责任后，可以向第三人追偿。雇员在从事雇佣活动中因安全生产事故遭受人身损害，发包人、分包人知道或者应当知道接受发包或者分包业务的雇主没有相应资质或者安全生产条件的，应当与雇主承担连带赔偿责任。属于《工伤保险条例》调整的劳动关系和工伤保险范围的，不适用本条规定。

4.《最高人民法院关于审理人身损害赔偿案件适用法律若干问题的解释》

第十七条第一款　受害人遭受人身损害，因就医治疗支出的各项费用以及因误工减少的收入，包括医疗费、误工费、护理费、交通费、住宿费、住院伙食补助费、必要的营养费，赔偿义务人应当予以赔偿。

随团香港旅游被车撞游客获赔 6 万元

案例回放

一名年青女士去旅游，这本是一件愉快的事情，谁也没有想到，当踏上香港行走在大街上时，被一辆双层巴士撞倒，落到了一个 10 级伤残的下场。为了讨回一个说法，这位女士将某旅行社推到了被告席上。日前，南昌市西湖区法院对此案作出判决。

26 岁的任牡丹于前年夏天，报名参加了由南昌某旅行社组织的港澳旅行团，但双方未签订旅游合同。任牡丹在无领队资格的领队胡兰花带领下，随旅行团从南昌出发。抵达香港特别行政区后，任牡丹与领队胡兰花及其他团员上街游览，行至周生生金行门口，任牡丹在横过马路时被一辆双层巴士撞倒，后经香港市民营救，送往医院抢救，先后在港动手术 5 次，住院 34 天。同年 11 月 19 日，任牡丹回到南昌后，在江西医学院第一附属医院住院 13 天，花去医疗费 15 859.22 元。任牡丹的家人去香港探病人花去交通费 11 898.80 元。经法医鉴定，任牡丹伤残等级为 10 级，继续治疗费为 40 000 元。尔后，因双方协商赔偿事宜未果，任牡丹诉诸法院，要求南昌某旅行社赔偿各项经济损失共计 112 355 元。庭审中，因南昌某旅行社不同意，致无法调解。

西湖区人民法院经审理认为，被告南昌某旅行社与原告任牡丹虽然没有按照《旅行社管理条例》签订书面合同，但双方实际达成并履行了旅游合同。被告违反约定使用无领队资格人员带团旅游，在旅游过程中未能确保旅客安全，致使原告任牡丹因交通事故造成 10 级伤残，被告对此应承担赔偿责任；原告要求被告赔偿其经济损失的要求，合情合理，应予支持。原告要求交通费、营养费、误工费、护理费过高，法院支持部分，精神抚慰金 10 000 元的要求不符合《合同法》规定，不予支持。但其过马路时，因疏忽而发生交通事故，本人亦有责任，应减轻被告的赔偿责任；被告称垫付了原告费用，却无证据佐证，不予采信。据此，根据有关法律规定，南昌市西湖区人民法院依法判决：被告南昌某旅行社有限责任公司赔偿原告任牡丹医疗费 15 859.22 元，鉴定费 250 元，会诊费 300 元，继续治疗费 40 000 元，护理费 1410 元，交通费 7813 元，在香港医疗费及护理用品费 2001 元，在香港的通讯费 735 元，营养费 376 元，残疾者生活补助费 12 672 元，误工费 1600 元，共计人民币 83 016.22 元的 80%，合计人民币 66 413 元，其余 20% 的费用由原告任牡丹自行承担。（文中人物均为化名）

律师点评

本案是一起旅游服务合同纠纷案。我国《消费者权益保护法》规定：消费者在购买、使用商品和接受服务时享有人身、财产安全不受损害的权利。如果消费者因购买、使用商品或者接受服务受到人身、财产损害的，享有依法获得赔偿的权利。我国最高人民法院《关于审理人身损害赔偿案件适用法律若干问题的解释》规定：从事住宿、餐饮、娱乐等经营活动或者其他社会活动的自然人、法人、其他组织，未尽合理限度范围内的安全保障义务致使他人遭受人身损害，赔偿权利人请求其承担相应赔偿责任的，人民法院应予以支持。本案任牡丹参加了旅行社组织的港澳旅行团，双方间形成旅游服务合同关系，由于提供旅游服务的旅行社未能确保游客安全，致使任牡丹受伤，旅行社应承担赔偿责任。

法律依据

1.《消费者权益保护法》

第七条　消费者在购买、使用商品和接受服务时享有人身、财产安全不受损害的权利。

消费者有权要求经营者提供的商品和服务，符合保障人身、财产安全的要求。

2.《关于审理人身损害赔偿案件适用法律若干问题的解释》

第六条　从事住宿、餐饮、娱乐等经营活动或者其他社会活动的自然人、法人、其他组织，未尽合理限度范围内的安全保障义务致使他人遭受人身损害，赔偿权利人请求其承担相应赔偿责任的，人民法院应予支持。

"赌团"组织接待险遭甩团案

案例回放

2006 年 12 月 8 日，台湾翔贺旅游公司以购物贴补团款的销售模式将 65 名台湾游客的"江南之行"五日游交苏州和平国际旅行社接待，双方约定进店购物三次并以购物团价格结算。但台湾翔贺旅行社在出发前却对游客说："进店看看即可，不必购物。"当苏州和平国旅发现该团明显抵制购物，全团仅购买了 70 元茶叶和三条丝被，购物回扣无法补足接待费用时，便及时与翔贺旅行社通报了情况，并重新以口头形式商定了按照不购物团结算的价格。苏州和平国旅在行程结束前一天，要求限时拿到尾款，否则，将要求台湾领队现付接下来的行程费用。翔贺旅行社既不情愿付款，又担心团被甩，于是紧急求助国家旅游局质监所。在国家旅游局、江苏省、苏州市旅游三级旅游质监所，以及台湾旅行业品质保障协会的共同协调下，终于在第一时间、第一地点将事情查清，并协调解决了组、接团社之间的问题，在没有惊动一位游客的前提下，旅行团平安顺利离开苏州。

律师点评

1. 以"赌团"心态经营旅游团队，是一种不正常的交易行为，既不能带给旅游者满意服务，又不能保证经营者应得利益。此案中组团、接待两者都想利用所谓购物团来减少经营成本获得利润。台湾翔贺旅行社赌的是购物团的低价，以减少对地接旅行社的费用支出；苏州和平国际旅行社赌的是游客三次进店购物的佣金以贴补团款，双方都是"愿赌却不愿服输"的心态。诚信是旅游企业经营活动的生存之道，而"失信"必然导致不利的后果。

2. 慎重选择业务伙伴，了解对方信誉情况。经调查，苏州和平国旅接待的是台湾翔贺旅行社"江南游"系列团的第三个团。原接待社杭州某国旅因发现台湾翔贺旅行社惯用低价送团又无法通过购物弥补团款时，而拒绝继续接待。

3. 以规范的书面形式确定协商方案，降低经营风险。游客抵制购物的问题发生后，显然旅游线路和服务必然有所改变，给苏州的旅行社经营带来了风险。虽然经协商有了新的方案，但没有以书面形式确定下来，违反了旅行社经营的一般规则，给自己造成了被动。

法律依据

1.《中华人民共和国旅游法》（2013 年 10 月 1 日起施行）

第三十五条　旅行社不得以不合理的低价组织旅游活动，诱骗旅游者，并通过安排购物或者另行付费旅游项目获取回扣等不正当利益。

旅行社组织、接待旅游者，不得指定具体购物场所，不得安排另行付费旅游项目。但是，经双方协商一致或者旅游者要求，且不影响其他旅游者行程安排的除外。

发生违反前两款规定情形的，旅游者有权在旅游行程结束后三十日内，要求旅行社为其办理退货并先行垫付退货货款，或者退还另行付费旅游项目的费用。

第九十八条　旅行社违反本法第三十五条规定的，由旅游主管部门责令改正，没收违法所得，责令停业整顿，并处三万元以上三十万元以下罚款；违法所得三十万元以上的，并处违法所得一倍以上五倍以下罚款；情节严重的，吊销旅行社业务经营许可证；对直接负责的主管人员和其他直接责任人员，没收违法所得，处二千元以上二万元以下罚款，并暂扣或者吊销导游证、领队证。

2.《旅行社条例》

第三十四条　旅行社不得要求导游人员和领队人员接待不支付接待和服务费用或者支付的费用低于接待和服务成本的旅游团队，不得要求导游人员和领队人员承担接待旅游团队的相关费用。

第三十六条　旅行社需要对旅游业务作出委托的，应当委托给具有相应资质的旅行社，征得旅游者的同意，并与接受委托的旅行社就接待旅游者的事宜签订委托合同，确定接待旅游者的各项服务安排及其标准，约定双方的权利、义务。

第三十七条　旅行社将旅游业务委托给其他旅行社的，应当向接受委托的旅行社支付不低于接待和服务成本的费用；接受委托的旅行社不得接待不支付或者不足额支付接待和服务费用的旅游团队。

接受委托的旅行社违约，造成旅游者合法权益受到损害的，作出委托的旅行社应当承担相应的赔偿责任。作出委托的旅行社赔偿后，可以向接受委托的旅行社追偿。

接受委托的旅行社故意或者重大过失造成旅游者合法权益损害的，应当承担连带责任。

合同未解释散客拼团，旅行社被判还钱

案例回放

一对老夫妻旅游遭遇"散客拼团"，因不同意到达旅游地后再拼团，故未能成行，旅行社为此扣掉部分旅游费。旅行社被告上法院，最后渝中区法院一审判决旅行社返还被扣掉的旅游费。

家住重庆江北区的雷先生称，2012年9月初，他想让70多岁的外公外婆出去旅游散心，便来到重庆中国国际旅行社有限责任公司（以下简称"重庆国旅"），希望能参加类似"夕阳红"的老年人旅游团，便于路上互相关照。工作人员表示，公司目前没有组织老年人团，但他们会组织至少10人以上的团队出行，两位老人不会感到孤单。之后，雷先生与重庆国旅签订旅游合同，云南六日游，旅游费3200元。合同还约定，10人以上方能成团出行，如果人数不足，经游客同意后，本团游客将转至其他具有组团资质的旅行社。

当月 14 日，雷先生陪外公外婆按照约定来到江北机场等待出行。可是，快上飞机时才发现，除了这两位老人外，并没有其他游客同行。接待人员解释，在重庆出发只有两位老人，到了昆明后自然有人接待，再拼团。雷的外公外婆不愿意接受这种安排，便放弃了旅行。

随后，雷先生向市旅游质量监督管理所投诉。协调的结果是，由雷先生承担退票损失，旅行社退还其余费用。当月 30日，重庆国旅扣掉 1056 元损失后，退还给雷 2144 元。

雷先生始终认为，他的外公外婆不能如愿出行，责任在于旅行社。2012 年 10 月，他起诉到渝中区法院，索要被扣掉的1056 元。

法院开庭审理时，重庆国旅觉得很委屈。他们认为，雷先生和其外公外婆主动放弃旅游，旅行社不应该对游客的放弃行为承担责任。况且，合同上已经说明是"散客拼团"，是雷自己没有让其外公外婆知道。所以，旅行社没有任何过错。

渝中区法院审理后认为，重庆国旅明知组团的旅游人数只有两人，不符合合同上关于旅游人数 10 人以上方能成团出行的约定，没有通知游客，也不与游客协商，而是仍然安排出行。对于旅行社这种行为，游客有权拒绝或放弃出行，旅行社应当退还雷先生旅游费。

判决书中，渝中区法院特别明确，虽然双方在合同中特别约定是"散客拼团"，但重庆国旅没有在合同上对"散客拼团"的含义作出说明。按照通常理解，"散客拼团"就是由签约旅行社在旅游出发地将来自不同处的游客拼组成一个旅游团，人数符合约定的人数。而重庆国旅并没有这样做。

近日，渝中区法院据此作出一审判决，重庆国旅返还雷先生被扣掉的 1056 元的旅游费。

法律点评

提醒广大游客，在选择旅游产品的时候，不要只比较价格，也要看清楚是否为"散客拼团"，防止被层层转卖。而一旦旅游者与旅游经营者发生争议，可以通过协商、向消费者协会、旅游投诉受理机构或者相关主管部门投诉、仲裁、诉讼解决。

法律依据

1. 《中华人民共和国旅游法》（2013 年 10 月 1 日生效）

第六十三条　旅行社招徕旅游者组团旅游，因未达到约定人数不能出团的，组团社可以解除合同。但是，境内旅游应当至少提前七日通知旅游者，出境旅游应当至少提前三十日通知旅游者。

因未达到约定人数不能出团的，组团社经征得旅游者书面同意，可以委托其他旅行社履行合同。组团社对旅游者承担责任，受委托的旅行社对组团社承担责任。旅游者不同意的，可以解除合同。

因未达到约定的成团人数解除合同的，组团社应当向旅游者退还已收取的全部费用。

出境旅游派领队，法定义务不可少

案例回放

几名游客参加某旅行社组织的新马泰 15 日游，在临登机时游客发现，该团是由 5 家旅行社共同组织的，并且这个旅游团没有领队。旅游团在途中遇到了许多困难，在国外如何转机，入境卡怎么填，怎样与境外旅行社接洽等均无人过问。在新加坡入境时，因不熟悉情况，旅游团被边检部门盘查一个半小时之久。旅游过程中，因没有领队与境外社协调，原来的日程被多次变更。旅游团在异国他乡，人生地不熟，只好听从境外导游摆布。

律师点评

领队是由旅行社派出，为出境旅游者提供协助、服务，同境外旅行社接洽，督促其履行接待计划，调解纠纷，协助处理意外事件的人员。根据规定，旅行社组织中国公民赴外国和我国港、澳地区旅游，必须要安排领队，这是旅行社的法定义务。

法律依据

1.《旅行社条例》

第三十条　旅行社组织中国内地居民出境旅游的，应当为旅游团队安排领队全程陪同。

第五十六条　违反本条例的规定，旅行社组织中国内地居民出境旅游，不为旅游团队安排领队全程陪同的，由旅游行政管理部门责令改正，处 1 万元以上 5 万元以下的罚款；拒不改正的，责令停业整顿 1 个月至 3 个月。

2.《中华人民共和国旅游法》（2013 年 10 月 1 日起施行）

第十六条　出境旅游者不得在境外非法滞留，随团出境的旅游者不得擅自分团、脱团。

入境旅游者不得在境内非法滞留，随团入境的旅游者不得擅自分团、脱团。

第三十九条　取得导游证，具有相应的学历、语言能力和旅游从业经历，并与旅行社订立劳动合同的人员，可以申请取得领队证。

第五十四条 景区、住宿经营者将其部分经营项目或者场地交由他人从事住宿、餐饮、购物、游览、娱乐、旅游交通等经营的，应当对实际经营者的经营行为给旅游者造成的损害承担连带责任。

第五十五条 旅游经营者组织、接待出入境旅游，发现旅游者从事违法活动或者有违反本法第十六条规定情形的，应当及时向公安机关、旅游主管部门或者我国驻外机构报告。

第九十六条 旅行社违反本法规定，有下列行为之一的，由旅游主管部门责令改正，没收违法所得，并处五千元以上五万元以下罚款；情节严重的，责令停业整顿或者吊销旅行社业务经营许可证；对直接负责的主管人员和其他直接责任人员，处二千元以上二万元以下罚款：

（一）未按照规定为出境或者入境团队旅游安排领队或者导游全程陪同的；

（二）安排未取得导游证或者领队证的人员提供导游或者领队服务的；

（三）未向临时聘用的导游支付导游服务费用的；

（四）要求导游垫付或者向导游收取费用的。

国内社屡做出境，许可证终被吊销

案例回放

　　九江青旅的资质系国内旅行社，根据规定国内社不得经营出境旅游业务，但该社近年来一直超范围广告宣传和经营出境旅游业务，去年4月九江市旅游局曾对其进行查处，查处后该社非但不改，2001年11月29日又被发现组织九江市18名老干部赴港澳台旅游。日前，江西省旅游局已正式吊销了九江青旅的《国内旅行社经营许可证》。

律师点评

选择出境社并非没有意义，因为出境社在旅游局交纳的质量保证金是160万，而国内社仅为10万元，一旦发生纠纷需要动用"保证金"来赔偿消费者，这160万和10万元间的差距可就明显了。

法律依据

1.《中华人民共和国旅游法》（2013年10月1日起施行）

第二十九条 旅行社可以经营下列业务：

（一）境内旅游；

（二）出境旅游；

（三）边境旅游；

（四）入境旅游；

（五）其他旅游业务。

旅行社经营前款第二项和第三项业务，应当取得相应的业务经营许可，具体条件由国务院规定。

第九十五条 违反本法规定，未经许可经营旅行社业务的，由旅游主管部门或者工商行政管理部门责令改正，没收违法所得，并处一万元以上十万元以下罚款；违法所得十万元以上的，并处违法所得一倍以上五倍以下罚款；对有关责任人员，处二千元以上二万元以下罚款。

旅行社违反本法规定，未经许可经营本法第二十九条第一款第二项、第三项业务，或者出租、出借旅行社业务经营许可证，或者以其他方式非法转让旅行社业务经营许可的，除依照前款规定处罚外，并责令停业整顿；情节严重的，吊销旅行社业务经营许可证；对直接负责的主管人员，处二千元以上二万元以下罚款。

2.《旅行社条例》

第十一条　旅行社设立专门招徕旅游者、提供旅游咨询的服务网点（以下简称"旅行社服务网点"）应当依法向工商行政管理部门办理设立登记手续，并向所在地的旅游行政管理部门备案。

旅行社服务网点应当接受旅行社的统一管理，不得从事招徕、咨询以外的活动。

第十三条　旅行社应当自取得旅行社业务经营许可证之日起3个工作日内，在国务院旅游行政主管部门指定的银行开设专门的质量保证金账户，存入质量保证金，或者向作出许可的旅游行政管理部门提交依法取得的担保额度不低于相应质量保证金数额的银行担保。

经营国内旅游业务和入境旅游业务的旅行社，应当存入质量保证金20万元；经营出境旅游业务的旅行社，应当增存质量保证金120万元。

质量保证金的利息属于旅行社所有。

第十五条　有下列情形之一的，旅游行政管理部门可以使用旅行社的质量保证金：

（一）旅行社违反旅游合同约定，侵害旅游者合法权益，经旅游行政管理部门查证属实的；

（二）旅行社因解散、破产或者其他原因造成旅游者预交旅游费用损失的。

第十六条　人民法院判决、裁定及其他生效法律文书认定旅行社损害旅游者合法权益，旅行社拒绝或者无力赔偿的，人民法院可以从旅行社的质量保证金账户上划拨赔偿款。

越权经营出境游，境外代办被查处

案例回放

2001年1月，北京市旅游局执法大队根据举报，对位于朝阳区团结湖京龙大厦内的意大利米斯特拉旅行社北京代表处进行突击检查。该代表处是经国家旅游局批准的非经营性旅游办事处，业务范围为旅游方面的咨询和联络。而检查中执法人员发现，该代表处自1999年12月至案发前，一直在进行组织中国公民赴意大利、法国等欧洲国家旅游的活动，并收取费用。北京市旅游局依法对其进行了查处。

律师点评

根据《旅行社管理条例》，境外旅行社驻华联络处（代表处）只能从事旅游咨询、联络、宣传活动，不得经营旅游业务。旅游者参团旅游要找正规有资质的旅行社，目前北京市只有41家旅行社允许经营中国公民出境旅游业务，其他旅行社不得超范围经营此项业务。而某些机构打着咨询、中介幌子经营的"出国游"更属非法，如发生纠纷旅游者也无法得到旅游部门的有效保护。

法律依据

1.《中华人民共和国旅游法》（2013 年 10 月 1 日起施行）

第二十九条 旅行社可以经营下列业务：

（一）境内旅游；

（二）出境旅游；

（三）边境旅游；

（四）入境旅游；

（五）其他旅游业务。

旅行社经营前款第二项和第三项业务，应当取得相应的业务经营许可，具体条件由国务院规定。

第九十五条 违反本法规定，未经许可经营旅行社业务的，由旅游主管部门或者工商行政管理部门责令改正，没收违法所得，并处一万元以上十万元以下罚款；违法所得十万元以上的，并处违法所得一倍以上五倍以下罚款；对有关责任人员，处二千元以上二万元以下罚款。

旅行社违反本法规定，未经许可经营本法第二十九条第一款第二项、第三项业务，或者出租、出借旅行社业务经营许可证，或者以其他方式非法转让旅行社业务经营许可的，除依照前款规定处罚外，并责令停业整顿；情节严重的，吊销旅行社业务经营许可证；对直接负责的主管人员，处二千元以上二万元以下罚款。

2.《旅行社条例》

第九条 申请经营出境旅游业务的，应当向国务院旅游行政主管部门或者其委托的省、自治区、直辖市旅游行政管理部门提出申请，受理申请的旅游行政管理部门应当自受理申请之日起 20 个工作日内作出许可或者不予许可的决定。予以许可的，向申请人换发旅行社业务经营许可证，旅行社应当持换发的旅行社业务经营许可证到工商行政管理部门办理变更登记；不予许可的，书面通知申请人并说明理由。

是谁摆乌龙？临登机才发现机票已过期一个月

案例回放

误机并不稀罕，但误机一个月的现象您见过吗？在旅游期间，珠海两名乘客临至机场办理登机手续时，方得知所持机票已过期整整一个月了。对此，售票方和乘客互指对方出错，以致机票上的登机时间比乘客实际登机时间早了1个月。最终，乘客补齐差价登上了飞机，而售票方则于11日赔偿乘客此差价的一半。

1月22日，市民胡女士带儿子来到珠海机场，准备乘某航空公司的航班去成都。然而母子俩办理登机手续时傻眼了，工作人员告诉他们"您的机票是去年12月22日的，已经过期1个月了"。最终航空公司为胡女士改签当日机票，她则根据当日航班价格补交了1160元的差价。

胡女士称机票是去年12月18日她委托他人代订的，出票前她在电话中向票务公司人员反复说明自己要订的是1月22日的机票。不过，胡女士的委托人接受采访时称，其实应是胡女士自己报错了时间，且送票员上门时都会例行请乘客查看机票信息，胡女士未发现月份上的错误。胡女士则回应说，机票上的月份以英文显示自己不认识。

律师点评

本案存在如下法律关系，胡女士与委托人的居间合同关系，以及胡女士及其儿子与航空公司形成的航空合同关系。

居间合同是居间人向委托人报告订立合同的机会或者提供订立合同的媒介服务，委托人支付报酬的合同。票务公司按照胡女士的委托进行订票。从本案中难以得知是胡女士自己报错时间还是票务公司的失误，但是在出票时，胡女士应当反复核对机票信息，如不符，可及时退改签。

本案中，航空公司根据票务公司提供的信息进行出票，在这一环节上，航空公司并不存在过错，因此，航空公司不应对胡女士的损失进行赔偿。

在此提醒广大消费者，在购买机票时一定反复核对机票信息，以免耽误您的行程，带来不必要的损失。

法律依据

《合同法》

第四百二十四条 居间合同是居间人向委托人报告订立合同的机会或者提供订立合同的媒介服务，委托人支付报酬的合同。

遭遇郁闷之旅五天，三亚游竟缩水两天

案例回放

生活工作之余，带着小孩与老人，一起去美丽的三亚享受天伦之乐，这样的旅游行程原本是快乐的，而现在却成了郁闷

之旅。日前，市民应女士向记者讲述了这段无奈的旅游。

应女士说，她很早就想去三亚旅游，因平时工作忙，考虑到年后有几天休息日，也错开了旅游高峰期，就在几个朋友面前提起要去三亚旅游。一位朋友称，他认识旅行社老总。为了贪图方便，应女士没有与朋友介绍的这家旅行社签订合同，只是陆续汇了12 000多元费用（3个大人、2个小孩），选择了5天行程（2月1日至5日）。

1月31日出发的前一天，原本应该接到行程通知的应女士，等到下午4点多才接到旅行社的电话。他们选了5天行程，结果这家旅行社把来回的一天都计算进去，也就是2月1日晚上8点55分从宁波栎社机场出发去三亚算一天，抵达三亚的酒店已是2日凌晨1点多了；行程最后一天，5日乘飞机回宁波又算一天，这2天根本没有玩。

抵达三亚的酒店后，住宿又成了一个问题。导游称小孩不能有床位，最后应女士5人挤在一个房间休息。3天的行程大家玩得很开心。4日晚上，应女士接到通知，他们要乘5日早上7点20分的飞机。导游告诉应女士，他们5人是散客拼团，旅游行程由他们安排。"那时我很气愤，付了一样的钱，凭什么别人来回那么舒服，而我们总是匆匆忙忙。"

5日凌晨4点多，应女士等人就被导游叫醒，5点多匆匆从酒店出发，他们在机场等到7点。经导游与旅行社联系，才知道宁波的旅行社把机票时间改签成了上午11点20分，却没有通知这里的导游。"机票改时间，也没有沟通好，所住的酒店与机场有1个多小时车程，回去是不可能了，我们只好在机场坐了5个小时。"

应女士出具了机票与汇钱的单子，却没有签订旅游合同。这样情况，应女士觉得投诉无门，只能吸取教训。

律师点评

旅游合同是保证游客享受旅游行程中应有服务的凭证，也是游客投诉的重要凭证。如果双方没有签订旅游合同，游客在遇到问题时维护自己的权利非常困难。即使是熟悉的人介绍，也必须签旅游合同。

不少游客为了贪图方便，一个电话，足不出户，就想办理全部的参团手续，这样是不正确的，为了放心出游，游客最好亲自到旅行社的营业场所，查看其营业部是否有工商局颁发的营业执照等。

遇到这种情况，游客可以向旅游行政管理部门投诉解决。经调查属实的，应当根据旅游者的实际损失，责令旅行社予以赔偿；旅行社拒不承担或者无力承担赔偿责任时，旅游行政管理部门可以从该旅行社的质量保证金中划拨。

法律依据

1.《旅游法》（2013 年 10 月 1 日生效）

第五十七条 旅行社组织和安排旅游活动，应当与旅游者订立合同。

2.《旅行社管理条例》

第二十四条 因下列情形之一，给旅游者造成损失的，旅游者有权向旅游行政管理部门投诉：

（一）旅行社因自身过错未达到合同约定的服务质量标准的；

（二）旅行社服务未达到国家标准或者行业标准的；

（三）旅行社破产造成旅游者预交旅行费损失的。旅游行政管理部门受理旅游者的投诉，应当依照本条例的规定处理。

第三十七条 旅游行政管理部门受理本条例第二十四条规定的投诉，经调查 情况属实的，应当根据旅游者的实际损失，责令旅行社予以赔 偿；旅行社拒不承担或者无力承担赔偿责任时，旅游行政管理部门可以从该旅行社的质量保证金中划拨。

3.《旅行社条例》

第二十四条 旅行社向旅游者提供的旅游服务信息必须真实可靠，不得作虚假宣传。

钻石级客户投诉携程网，机票定单被修改五次

案例回放

在携程网"保单门"事件曝光后，不少网友纷纷反映所遭受到的携程网的不佳体验，其中，一位携程网钻石级客户王先生（卡号：12623968）反映，不久前，其在携程网下的机票订单，在与携程网通过电话、Email和短信等多种形式确认后，携程网在未事先征得其同意确认的情况下，擅自对订单进行了多达五次的修改，机票价格也是一变再变。

更令王先生难以容忍是，携程网不仅数次擅自对订单进行更改，最后甚至取消了预定机票的承诺。据王先生介绍，他的机票订单是1月16日下的，预定的是中国国际航空股份有限公司（Air China Limited，简称"国航"）2月15日、26日北京——马德里——北京及2月15日、25日马德里-瓦伦西亚-马德里国际联乘机票。订单下好后双方对此均已确认。结果到1月22日最后出票日期时，携程网突然通知王先生该机票出不了，原因是携程网在境外段只有定位，未经国外航空公司确认且因未与之联网而无法出票。事已至此，王先生只能自想办法。

对此，王先生表示，虽然自己已经是携程网的钻石级贵宾，但是对携程网的服务并不认可，此前已经领教过多次不佳体验，而这次携程网一是对于自己没有能力的事情擅自承诺，事到临头取消承诺，给自己造成极大不便；二是对双方已经确定的票价擅自修改，对诚信对客户没有起码的尊重。更令其不满和失望。由于双方在随后的多次沟通中始终没有达成一致，王先生在投诉中表示，"鉴于携程的表现能力和水平，今后不再使用携程的服务。"

请问：机票订单被携程网五次修改怎么办？

律师点评

本案争议的焦点是，王先生与携程网之间究竟形成怎样的关系，携程网是否应就王先生的损失承担责任。

携程网与王先生之间形成的是居间合同关系。根据《合同法》的规定，居间合同是居间人向委托人报告订立合同的机会或者提供订立合同的媒介服务，委托人支付报酬的合同。携程网的性质为第三方电子商务交易平台，《第三方电子商务交易平台服务规范》将平台经营者的义务实际上界定为，为交易双方或多方提供交易撮合及相关服务，体现的正是一种居间撮合的行为。但是，第三方交易平台环境下的这种居间行为与传统的居间行为多有不同。例如，不少平台经营者不需要获得报酬；平台经营者仅仅是为消费者与站内经营者提供网络交易平台服务，消费者与站内经营者通过平台自动化的数据处理方式完成交易，平台经营者除此之外无须像传统的居间人那样在买卖双方之间进行主动积极的斡旋与撮合以促成交易的达成；在报告订约机会与提供订约媒介时，不同于传统的居间人的忠实与尽力义务，平台经营者只需依托网络平台通过技术手段合理谨慎地审核相关事实，一般就可以免责。

根据《合同法》的规定，居间人应当就有关订立合同的事项向委托人如实报告，又根据《消费者权益保护法》的规定，消费者享有获知服务真实情况并享有公平交易权。但是本案中携程网在未事先征得其同意确认的情况下，擅自对定单进行了多达五次的修改，机票价格也是一变再变。虽然携程网修改订单可能是根据航空公司机票销售情况而做出的，但是未经过王先生的同意就擅自修改，携程网未尽到合理的报告通知义务，应当对王先生的损失承担责任。之后，携程网取消了预订机票的承诺，根据《合同法》的规定，这种行为是不履行合同义务的行为，应当承担违约责任。消费者也可向通过协商或向消协和相关行政管理部门投诉解决问题。

法律依据

1.《合同法》

第一百零七条　当事人一方不履行合同义务或者履行合同义务不符合约定的，应当承担继续履行、采取补救措施或者赔偿损失等违约责任。

第四百二十四条　居间合同是居间人向委托人报告订立合同的机会或者提供订立合同的媒介服务，委托人支付报酬的合同。

第四百二十五条　居间人应当就有关订立合同的事项向委托人如实报告。居间人故意隐瞒与订立合同有关的重要事实或者提供虚假情况，损害委托人利益的，不得要求支付报酬并应当承担损害赔偿责任。

2.《第三方电子商务交易平台服务规范》

3.2 第三方电子商务交易平台是指在电子商务活动中为交易

双方或多方提供交易撮合及相关服务的信息网络系统总和。

3.《消费者权益保护法》

第八条 消费者享有知悉其购买、使用的商品或者接受的服务的真实情况的权利。

消费者有权根据商品或者服务的不同情况，要求经营者提供商品的价格、产地、生产者、用途、性能、规格、等级、主要成份、生产日期、有效期限、检验合格证明、使用方法说明书、售后服务，或者服务的内容、规格、费用等有关情况。

第十条 消费者享有公平交易的权利。

消费者在购买商品或者接受服务时，有权获得质量保障、价格合理、计量正确等公平交易条件，有权拒绝经营者的强制交易行为。

第十一条 消费者因购买、使用商品或者接受服务受到人身、财产损害的，享有依法获得赔偿的权利。

第三十四条 消费者和经营者发生消费者权益争议的，可以通过下列途径解决：

（一）与经营者协商和解；

（二）请求消费者协会调解；

（三）向有关行政部门申诉；

（四）根据与经营者达成的仲裁协议提请仲裁机构仲裁；

（五）向人民法院提起诉讼。

住进平价宾馆，床上尖钉扎破头

案例回放

司机小夏到武汉东西湖运输货物，晚上入住东西湖九支沟一平价宾馆。

在枕靠宾馆床背时，他的头被一根凸出约 1 厘米的钉子扎破，服务员带他到附近医院包扎了伤口。第二天，小夏找到宾馆老板要求赔偿，宾馆只愿免除住宿费 110 元，万先生不服投诉至东西湖五环工商所。

工商所执法人员认为，平价宾馆设施管理方面存在过失，责令立即整改。经调解，宾馆免收住宿费，并赔偿万先生误工费、医药费、营养费等共计 2000 元。

请问：住进平价宾馆床上尖钉扎破头怎么办？宾馆有责任赔偿吗？

律师点评

本案存在侵权责任和违约责任的竞合，司机可任选其一作为请求权基础提起诉讼。

若司机选择侵权责任，根据《侵权责任法》第 16 条和第 37 条的规定，平价宾馆设施管理方面存在过失，未尽到安全保障义务，造成司机损害的，应当承担侵权责任。同时，根据《最高人民法院关于审理人身损害赔偿案件适用法律若干问题的解释》的规定，司机可以提出精神损害赔偿。

若选择违约责任作为请求权基础，司机住进评价宾馆，与宾馆之间即形成宾馆住宿服务合同关系，那么宾馆就负有保障客人安全住宿的义务，但是由于宾馆设施管理方面的疏漏导致司机受伤，表明宾馆一方履行义务不符合约定，因此，应当承担违约责任。

遇到这种情况，受害人也可向当地工商管理部门进行投诉，由该部门责令宾馆进行整改，并协调赔偿范围。

法律依据

1.《侵权责任法》

第六条 行为人因过错侵害他人民事权益，应当承担侵权责任。

第十六条 侵害他人造成人身损害的，应当赔偿医疗费、护理费、交通费等为治疗和康复支出的合理费用，以及因误工减少的收入。造成残疾的，还应当赔偿残疾生活辅助具费和残疾赔偿金。造成死亡的，还应当赔偿丧葬费和死亡赔偿金。

第三十七条 宾馆、商场、银行、车站、娱乐场所等公共场所的管理人或者群众性活动的组织者，未尽到安全保障义务，造成他人损害的，应当承担侵权责任。

2.《最高人民法院关于审理人身损害赔偿案件适用法律若干问题的解释》

第一条 因生命、健康、身体遭受侵害，赔偿权利人起诉请求赔偿义务人赔偿财产损失和精神损害的，人民法院应予受理。

本条所称赔偿权利人，是指因侵权行为或者其他致害原因直接遭受人身损害的受害人、依法由受害人承担扶养义务的被扶养人以及死亡受害人的近亲属。

3.《合同法》

第一百零七条 当事人一方不履行合同义务或者履行合同义务不符合约定的，应当承担继续履行、采取补救措施或者赔偿损失等违约责任。

第一百一十二条 当事人一方不履行合同义务或者履行合同义务不符合约定的，在履行义务或者采取补救措施后，对方还有其他损失的，应当赔偿损失。

第一百一十三条 当事人一方不履行合同义务或者履行合同义务不符合约定，给对方造成损失的，损失赔偿额应当相当于因违约所造成的损失，包括合同履行后可以获得的利益，但不得超过违反合同一方订立合同时预见到或者应当预见到的因违反合同可能造成的损失。

司机违章造成事故旅行社承担全责

案例回放

原告 HM 公司与被告 GH 旅行社签订了一份旅游合同。根据合同和团队运行计划表约定，原告 HM 公司的第一批 58 个职工及家属于 2005 年 5 月 6 日凌晨分别上了被告 GH 旅行社派出的两辆客车。其中 33 名职工及家属上了由被告高某驾驶的旅行车，车主为长治市 ZG 旅行社。该车途中发生重大交通事故，32 名职工及家属全部不同程度受伤。根据交通部门认定，高某承担该起事故的全部责任。

13 名原告要求被告（包括保险公司，作者注）连带赔偿误工费、陪侍费、伙食补助费、营养费、会诊费、精神损失费、交通费等各项费用 19 万多元；赔偿 HM 公司处理事故开支和停业经济损失 57 万多元。

被告旅行社认为自己不是交通事故的当事人，更不是责任人，没有过错，不能承担赔偿责任；合同约定只有协助索赔的义务；国家有明确规定，第三人侵权导致损害结果发生的，由实施侵权行为的第三人承担赔偿责任；本案应由造成此次事故的责任人高某及车主被告长治市 ZG 旅行社和相关保险公司承担全部赔偿责任。被告司机高某认为，5 月 6 日出行时的组团人数是 58 人，比合同约定 46 人超出 12 人。乘坐高某驾驶车辆的共计 35 人，超出该车核定人数。原告 HM 公司与第一被告违约是造成本案损害的直接原因，应承担本案的全部赔偿责任。被告长治 ZG 旅行社辩称，原告诉讼请求究竟主张违约还是侵权之诉不明。我方未与原告签订过任何协议，第二被告高某使用的车是挂靠在我方车户上的。如构成违约，也是第二被告高某违约。

本案旅游合同合法有效，各方应严格按约履行各自相应的义务。虽然第一被告不是本次交通事故当事人，但事故车辆是由其提供的，第一被告与第二被告共同负有保障各原告在乘坐由其提供的交通工具时人身权利及财产权利不受侵犯的义务。事实上，在履行合同的过程中，该车辆发生了交通事故，故可以认定第一被告履行义务不符合约定，应由其承担相应的责任。第三被告系肇事车辆的法定车主，根据《道路交通安全法》的规定，应承担相应的赔偿责任。

判决本案个人受伤损失金额共计 372 094.78 元，由被告 GH 旅行社赔偿，高某、ZG 旅行社、保险公司承担连带赔偿责任。GH 旅行社、高某、ZG 旅行社连带赔偿原告 HM 公司处理事故开支和停业经济损失 372 094.78。诉讼费和其它费共计 14 219 元，由被告 GH 旅行社负担。

律师点评

透过纷繁琐碎的事实，可以概括出本案的几个焦点：第一，旅行社是否应该为租用车辆所造成事故承担责任？第二，HM 公司是否是本案的适合原告而有权得到相应赔偿？第三，本案既是违约纠纷，保险公司及侵权人作为被告是否恰当？

GH 旅行社的租用旅游车的司机违章操作是导致事故的全部原因。GH 旅行社认为，自己不是交通事故的当事人；在事故中，自己没有任何过错，因此不应赔偿；在与 HM 公司的合同中，已经明确约定只有协助受害人索赔的义务；本案应由事故责任人高某及车主 ZG 旅行社和相关保险公司承担全部赔偿责任；以为旅游者购买了人身意外保险，可以免除赔偿责任。这些看法均不正确。其一，本案是旅游合同纠纷，不是交通事故赔偿纠纷，因此不能根据旅行社在交通事故中有无责任来确定赔偿。在旅游合同中，我们已经多次指出，旅行社组织旅游，应当为其他服务提供人的行为承担责任，在安全保证责任上也是一样。旅行社选用的旅行车司机交通肇事导致旅游者损害，旅游者有权选择追究直接侵害人的责任，也有权选择追究旅行社没有适当履行旅游合同的责任。而后者，正是本案原告的选择。旅行社在合同中加入免责条款，声称只对自己而不对其他人的行为承担责任，由于违反了法律关于免责条款效力的规定，这种免责条款没有效力，得不到法律的保护。至于旅行社代旅游者购买人身意外保险，这种做法也不能替代旅行社的责任，因为意外保险的受益人是旅游者，而不是旅行社。旅游者得到了意外保险的赔偿，但是仍然不能免除或者减轻旅行社的赔偿责任。

　　那么 HM 公司是否也有资格作为原告得到旅行社的赔偿呢？笔者认为在这点上，法院判决存在明显错误。因为 HM 公司只是代理其单位职工与被告签订合同，作为一个单位，不可能作为旅游者进行旅游活动。虽然它也可以受参加旅游职工之托请求合同权利，但是在案件中受损害的旅游者已经作为原告向被告提起了诉讼，HM 公司再作为原告进行请求，实际上等于重复行使权利。当然，法院判决对它们的赔偿内容也明显不妥，我国没有任何法律规定因违反合同对方不能上班还需要赔偿其所属单位的损失。本案在审理之中，明确了是违约之诉，也就是

违反旅游合同的诉讼。在程序上，第二被告高某、第三被告长
治 ZG 旅行社以及第四、第五被告保险公司作为被告是错误的。
因为他们都不是旅游合同的当事人，审理中也没有经过适当的
并案程序。

法律依据

1. 《旅游法》（2013 年 10 月 1 日生效）

第七十条 旅行社不履行包价旅游合同义务或者履行合同
义务不符合约定的，应当依法承担继续履行、采取补救措施或
者赔偿损失等违约责任；造成旅游者人身损害、财产损失的，
应当依法承担赔偿责任。旅行社具备履行条件，经旅游者要求
仍拒绝履行合同，造成旅游者人身损害、滞留等严重后果的，
旅游者还可以要求旅行社支付旅游费用一倍以上三倍以下的赔
偿金。

由于旅游者自身原因导致包价旅游合同不能履行或者不能
按照约定履行，或者造成旅游者人身损害、财产损失的，旅行
社不承担责任。

在旅游者自行安排活动期间，旅行社未尽到安全提示、救
助义务的，应当对旅游者的人身损害、财产损失承担相应责任。

第七十一条 由于地接社、履行辅助人的原因导致违约的，
由组团社承担责任；组团社承担责任后可以向地接社、履行辅
助人追偿。

由于地接社、履行辅助人的原因造成旅游者人身损害、财
产损失的，旅游者可以要求地接社、履行辅助人承担赔偿责任，
也可以要求组团社承担赔偿责任；组团社承担责任后可以向地
接社、履行辅助人追偿。但是，由于公共交通经营者的原因造
成旅游者人身损害、财产损失的，由公共交通经营者依法承担

赔偿责任，旅行社应当协助旅游者向公共交通经营者索赔。

2.《合同法》

第四十条　格式条款具有本法第五十二条和第五十三条规定情形的，或者提供格式条款一方免除其责任、加重对方责任、排除对方主要权利的，该条款无效。

第一百零七条　当事人一方不履行合同义务或者履行合同义务不符合约定的，应当承担继续履行、采取补救措施或者赔偿损失等违约责任。

3.《保险法》

第二十四条　保险人收到被保险人或者受益人的赔偿或者给付保险金的请求后，应当及时作出核定，并将核定结果通知被保险人或者受益人；对属于保险责任的，在与被保险人或者受益人达成有关赔偿或者给付保险金额的协议后十日内，履行赔偿或者给付保险金义务。保险合同对保险金额及赔偿或者给付期限有约定的，保险人应当依照保险合同的约定，履行赔偿或者给付保险金义务。

4.《旅行社条例》

第二十九条　旅行社在与旅游者签订旅游合同时，应当对旅游合同的具体内容作出真实、准确、完整的说明。

旅行社和旅游者签订的旅游合同约定不明确或者对格式条款的理解发生争议的，应当按照通常理解予以解释；对格式条款有两种以上解释的，应当作出有利于旅游者的解释；格式条款和非格式条款不一致的，应当采用非格式条款。

旅游发生纠纷，维权莫过度

案例回放

2008 年 10 月份，东北某市 51 名游客来烟台、威海地区旅游。在威海市内，旅游车因手续问题被当地交通稽查部门暂扣，旅行社又临时借调一辆旅游车来继续保障游客的行程。旅游观光结束准备返回烟台时，游客派出代表以旅游车辆被扣耽误行程为由，要求旅行社给予最低 500 元的经济赔偿，否则拒不上车返程。经组团社、地接社、游客三方多次协商后，先后有 39 名游客接受了 100 元补偿，并顺利返回烟台乘船去了大连。剩余 12 名游客因对答复不满，坚持索要 500 元的赔偿，当晚在旅游车上滞留一夜，导游一直陪伴在左右。第二天，12 名游客自行乘车到烟台。

处理结果：经旅游质监部门出面调解，并与组团社及所在地旅游质监部门进行了沟通，烟台旅行社为游客承担了部分车船费用，但最终还是仅给予了 100 元补偿，并打车送游客到码头让其自行乘船到大连。因维权过度，这 12 名游客不仅没达到最初的目的，反而耽搁了去大连的旅游行程。

律师点评

近年来，游客的维权意识明显增强，在自身利益受到侵害时学会用法律武器保护自身利益，但也受经济利益驱动和个人私心膨胀，受到一点利益损失就要求对方给予经济赔偿。游客外出旅游发生纠纷时，应当在保存证据的情况下，采取合理合法的途径来解决问题，一定要保持理智，绝不能以个人利益受到侵害就狮子大开口，提出一些不合理的要求，切忌采取"罢游、罢住、罢行"等过激行为，随意扩大事态，给自己和对方带来不必要的麻烦和损失。发生旅游纠纷后，游客可先与组团社的全陪导游及地接导游沟通，或与组团社联系要求解决问题。若旅行社拒不接受意见，持收集好的证据，向旅游质监部门投诉，必要时也可通过法律途径解决。旅游行程中发生的服务质量纠纷，投诉时效为 90 天。

法律依据

1.《旅游法》（2013 年 10 月 1 日生效）

第七十条　旅行社不履行包价旅游合同义务或者履行合同义务不符合约定的，应当依法承担继续履行、采取补救措施或者赔偿损失等违约责任。

第八十三条　县级以上人民政府旅游主管部门和有关部门依照本法和有关法律、法规的规定，在各自职责范围内对旅游市场实施监督管理。

县级以上人民政府应当组织旅游主管部门、有关主管部门和工商行政管理、产品质量监督、交通等执法部门对相关旅游经营行为实施监督检查。

第九十二条　旅游者与旅游经营者发生纠纷，可以通过下列途径解决：

（一）双方协商；

（二）向消费者协会、旅游投诉受理机构或者有关调解组织申请调解；

（三）根据与旅游经营者达成的仲裁协议提请仲裁机构仲裁；

（四）向人民法院提起诉讼。

2. 《旅行社条例》

第三十五条　旅行社违反旅游合同约定，造成旅游者合法权益受到损害的，应当采取必要的补救措施，并及时报告旅游行政管理部门。

旅游项目因飓风缩水，保险公司被判赔 8400 元

案例回放

2010 年底，江先生与家人参加某旅游公司推出的"澳洲大堡礁逍遥纯玩"团体游。且与旅游公司签订了《上海市出境旅游合同》，4 人的行程共计 6 晚 8 天，共支付旅游费用共计 108 300 元。经旅游公司推荐，江先生等人还购买了一份"安心游"旅游保险。

2011 年 2 月，百年最强飓风"雅斯"袭击了澳大利亚，53 岁的江先生与家人期待已久的"澳洲大堡礁逍遥纯玩"之旅也因此"大打折扣"。2011 年 1 月 29 日，江先生等人跟团顺利到达悉尼，但第四天澳大利亚大堡礁发生飓风，为此整个旅行团滞留在澳大利亚的黄金海岸，直至 2 月 5 日才得以返沪。

事后，江先生拿着当时旅游公司交付的保单向保险公司申请理赔，不料，保险公司以诸多理由表示拒赔。江先生遂将保险公司诉至浦东新区法院，要求保险公司按照保单上列明的项目赔偿人民币 19 400 元。

经审理，法院根据合同解释的基本原则对原告所主张的各项保险项目赔偿金额的诉请进行合理的认定；对于旅程延误和旅程变更事项，原告有证据证明事实的发生，故予以支持；而对行李延误、随身财产受损、及事涉慰问费用补偿事项，既没

有证据证明事实的发生，也不合常理，故不予支持。

请问：旅游项目因飓风缩水保险公司能赔偿吗？

律师点评

本案涉及在旅游过程中，因不可抗力导致行程更改，给游客造成的损失以及增加的费用应如何承担问题。

本案存在两个法律关系，一是江先生与家人和旅游公司形成的旅游合同关系；二是江先生与家人和保险公司形成的保险关系。

因为百年最强飓风"雅斯"袭击了澳大利亚，整个旅行团滞留在澳大利亚的黄金海岸，直至2月5日才得以返沪。遇上飓风导致旅游形成被迫更改，属于因不可抗力而导致合同不能履行。根据《旅游法》第67条和《合同法》第117、118条的规定，旅游公司和游客都可以解除或变更合同，解除后，旅游公司应当在扣除已向地接社或者履行辅助人支付且不可退还的费用后，将余款退还旅游者；合同变更的，因此增加的费用由旅游者承担，减少的费用退还旅游者。造成旅游者滞留的，旅行社应当采取相应的安置措施。因此增加的食宿费用，由旅游者承担；增加的返程费用，由旅行社与旅游者分担。因此，旅游公司应将余款退还给游客并且分担增加的返程费用。

另外，江先生等人还购买了一份"安心游"旅游保险。因此，江先生等人可以根据保险合同的具体约定向保险公司索赔。

法律依据

1.《旅游法》（2013年10月1日生效）

第六十七条　因不可抗力或者旅行社、履行辅助人已尽合理注意义务仍不能避免的事件，影响旅游行程的，按照下列情形处理：

（一）合同不能继续履行的，旅行社和旅游者均可以解除合同。合同不能完全履行的，旅行社经向旅游者作出说明，可以在合理范围内变更合同；旅游者不同意变更的，可以解除合同。

（二）合同解除的，组团社应当在扣除已向地接社或者履行辅助人支付且不可退还的费用后，将余款退还旅游者；合同变更的，因此增加的费用由旅游者承担，减少的费用退还旅游者。

（三）危及旅游者人身、财产安全的，旅行社应当采取相应的安全措施，因此支出的费用，由旅行社与旅游者分担。

（四）造成旅游者滞留的，旅行社应当采取相应的安置措施。因此增加的食宿费用，由旅游者承担；增加的返程费用，由旅行社与旅游者分担。

2.《最高人民法院关于审理旅游纠纷案件适用法律若干问题的规定》

第十三条　因不可抗力等不可归责于旅游经营者、旅游辅助服务者的客观原因导致旅游合同无法履行，旅游经营者、旅游者请求解除旅游合同的，人民法院应予支持。旅游经营者、旅游者请求对方承担违约责任的，人民法院不予支持。旅游者请求旅游经营者退还尚未实际发生的费用的，人民法院应予支持。

因不可抗力等不可归责于旅游经营者、旅游辅助服务者的客观原因变更旅游行程，在征得旅游者同意后，旅游经营者请求旅游者分担因此增加的旅游费用或旅游者请求旅游经营者退还因此减少的旅游费用的，人民法院应予支持。

3.《合同法》

第一百一十七条　因不可抗力不能履行合同的，根据不可抗力的影响，部分或者全部免除责任，但法律另有规定的除外。当事人迟延履行后发生不可抗力的，不能免除责任。

本法所称不可抗力，是指不能预见、不能避免并不能克服的客观情况。

第一百一十八条 当事人一方因不可抗力不能履行合同的，应当及时通知对方，以减轻可能给对方造成的损失，并应当在合理期限内提供证明。

4. 《保险法》

第四十五条 因第三者对保险标的的损害而造成保险事故的，保险人自向被保险人赔偿保险金之日起，在赔偿金额范围内代位行使被保险人对第三者请求赔偿的权利。

前款规定的保险事故发生后，被保险人已经从第三者取得损害赔偿的，保险人赔偿保险金时，可以相应扣减被保险人从第三者已取得的赔偿金额。

保险人依照第一款行使代位请求赔偿的权利，不影响被保险人就未取得赔偿的部分向第三者请求赔偿的权利。

房客上厕所摔成重伤，起诉旅馆获赔 15 万余元

案例回放

张先生凌晨在旅馆上厕所时摔伤头部，他随后起诉索赔 23 万余元。近日，丰台法院一审判决旅馆赔偿他 15.9 万余元。

张先生诉称，5 月 30 日，他来京办事入住在丰台一家旅馆。6 月 3 日凌晨 2 时左右，他到旅馆的卫生间如厕，转身下台阶时，因卫生间及相应设施不符合服务场所安全要求，致使他后脑摔成重伤。事发 40 分钟后，他被旅馆其他客人起夜发现。经

送医诊断，他构成急性重型颅脑损伤、脑挫裂伤、急性硬膜外血肿、颅骨多发骨折、脑脊液耳漏。现在，他右侧肢体无知觉、丧失劳动能力，日常生活需要护理，故起诉要求旅馆赔偿医疗费、误工费等共计23.2万余元。

开庭时，旅馆不同意赔偿，称录像显示，张先生的伤害并非一次造成，而是他受伤后多次起身，多次重重撞击地面造成的重复伤害，宾馆没有责任。

法院认为，张先生在宾馆住宿期间如厕时摔倒受伤，其摔倒原因无法确定，但旅馆未依相关规定安排工作人员巡查，监控室人员亦未发现张先生受伤，致使其受伤后未能得到及时救助，旅馆应承担相应的赔偿责任。旅馆已在卫生间地面张贴警示标志，张先生如厕时未尽到正常的安全注意义务，亦应承担责任。法院酌情确定旅馆的赔偿比例为50%。

律师点评

本案存在侵权责任和违约责任的竞合问题。当事人可以选择其中一个请求权基础提起诉讼。本案中，张先生提出的是侵权诉讼。

首先，探讨侵权责任。根据《侵权责任法》第37条的规定，宾馆、商场、银行、车站、娱乐场所等公共场所的管理人或者群众性活动的组织者，未尽到安全保障义务，造成他人损害的，应当承担侵权责任。同时，根据《消费者权益保护法》第7条的规定，消费者在购买、使用商品和接受服务时享有人身、财产安全不受损害的权利。消费者有权要求经营者提供的商品和服务，符合保障人身、财产安全的要求。本案中，旅馆应当保障所有住宿者的人身财产安全，但是旅馆卫生间及相应设施不符合服务场所安全要求，旅馆未依相关规定安排工作人员巡查，监控室人员亦未发现张先生受伤，致使其受伤后未能得到及时救助，旅馆具有明显过错，因此，旅馆应当承担侵权责任，应当支付医疗费、治疗期间的护理费、因误工减少的收入等费用。同时，根据《最高人民法院关于审理人身损害赔偿案件适用法律若干问题的解释》和《最高人民法院关于确定民事侵权精神损害赔偿责任若干问题的解释》的规定，当事人可以提出精神损害赔偿。

根据《侵权责任法》的规定，被侵权人对损害的发生也有过错的，可以减轻侵权人的责任。被侵权人旅馆已在卫生间地面张贴警示标志，张先生如厕时未尽到正常的安全注意义务，自身存在过错，亦应承担相应责任。

其次，探讨合同违约责任。客人入住旅馆，与旅馆之间形成了合同关系。旅馆应当按照合同约定履行义务，保障客人的住宿安全，这是合同的最基本义务。本案中，旅馆安全措施不当，导致受害人摔伤，是明显的违约行为。根据《合同法》的规定，当事人一方不履行合同义务或者履行合同义务不符合约定的，应当承担继续履行、采取补救措施或者赔偿损失等违约责任。

法律依据

1. 《侵权责任法》

第二十六条　被侵权人对损害的发生也有过错的，可以减轻侵权人的责任。

第三十七条　宾馆、商场、银行、车站、娱乐场所等公共场所的管理人或者群众性活动的组织者，未尽到安全保障义务，造成他人损害的，应当承担侵权责任。

因第三人的行为造成他人损害的，由第三人承担侵权责任；

管理人或者组织者未尽到安全保障义务的，承担相应的补充责任。

2.《合同法》

第六十条 当事人应当按照约定全面履行自己的义务。

当事人应当遵循诚实信用原则，根据合同的性质、目的和交易习惯履行通知、协助、保密等义务。

第一百零七条 当事人一方不履行合同义务或者履行合同义务不符合约定的，应当承担继续履行、采取补救措施或者赔偿损失等违约责任。

3.《消费者权益保护法》

第七条 消费者在购买、使用商品和接受服务时享有人身、财产安全不受损害的权利。

消费者有权要求经营者提供的商品和服务，符合保障人身、财产安全的要求。

第十八条 经营者应当保证其提供的商品或者服务符合保障人身、财产安全的要求。对可能危及人身、财产安全的商品和服务，应当向消费者作出真实的说明和明确的警示，并说明和标明正确使用商品或者接受服务的方法以及防止危害发生的方法。

第四十一条 经营者提供商品或者服务，造成消费者或者其他受害人人身伤害的，应当支付医疗费、治疗期间的护理费、因误工减少的收入等费用，造成残疾的，还应当支付残疾者生活自助具费、生活补助费、残疾赔偿金以及由其扶养的人所必需的生活费等费用；构成犯罪的，依法追究刑事责任。

4.《最高人民法院关于审理人身损害赔偿案件适用法律若干问题的解释》

第十七条 受害人遭受人身损害，因就医治疗支出的各项费用以及因误工减少的收入，包括医疗费、误工费、护理费、交通费、住宿费、住院伙食补助费、必要的营养费，赔偿义务人应当予以赔偿。

5.《最高人民法院关于确定民事侵权精神损害赔偿责任若干问题的解释》

第一条　自然人因下列人格权利遭受非法侵害，向人民法院起诉请求赔偿精神损害的，人民法院应当依法予以受理：

（一）生命权、健康权、身体权；

（二）姓名权、肖像权、名誉权、荣誉权；

（三）人格尊严权、人身自由权。

旅游合同已签订，被迫弃游也违约

案例回放

暑假期间很多家长都带着孩子报团到外地旅游，可如果在出行前突发疾病而不能出行，是否要承担责任呢？

8 月中旬，塘沽的王先生休了年假并在旅行社报名，打算带孩子去香港游玩。由于去香港要提前办理相关手续，于是王先生早在一个月前就将 1 万元的旅游费全款交到了旅行社，还签订了赴香港旅游的合同。然而在出发的前一天晚上，王先生 10 岁的儿子因患急性阑尾炎被送往医院救治，香港旅游计划就此"泡汤"。

王先生找到旅行社说明原因，表示没有参加旅行，希望旅行社将旅游费用全额退还。但旅行社表示，旅行往返的机票早已经预定出来，而且参加旅行团往往都是提前预定团体票，虽然团体票折扣大，但不能退票也不能转签。王先生一家临时取消行程必须承担机票的损失，还需要承担旅游合同中规定的违约责任。后来，旅行社在扣除旅行实际损失费用和违约金后仅退还给王先生 2000 多元的旅游款。

（律师点评）

报名参团出游游客和旅行社签订旅游合同后，双方当事人应当严格按照合同的约定执行，任何一方以任何原因需要解除合同都必须和对方进行协商，否则就必须承担违约责任。王先生的孩子突发急性阑尾炎事出突然，这也是无法预料的，但报旅行团所预定的团体机票正如旅行社所说无法退票或转签，因此旅行社无需对此负责，机票损失理应由王先生承担。另外，无法按时参加旅行，王先生也就是违反了合同的约定，违约责任则要按照合同约定执行，合同如有说明，旅行社可以向王先生收取实际损失的费用和违约金。

（法律依据）

《合同法》

第六十条 当事人应当按照约定全面履行自己的义务。

当事人应当遵循诚实信用原则，根据合同的性质、目的和交易习惯履行通知、协助、保密等义务。

第一百零七条 当事人一方不履行合同义务或者履行合同义务不符合约定的，应当承担继续履行、采取补救措施或者赔偿损失等违约责任。

第一百一十四条 当事人可以约定一方违约时应当根据违约情况向对方支付一定数额的违约金，也可以约定因违约产生的损失赔偿额的计算方法。

公司"免费"旅游时炭火取暖双双中毒

案例回放

刘先生和妻子唐女士是某保险公司的老客户，2009年1月初受邀到上海浦东俱进路参加"生存金累计生息"的现场咨询会。

刘先生称，"会上，他们宣布凡购买保险的，便赠送2日旅游一次。因我们是老客户，信任他们，便购买了保险得到了去旅游的机会。"

他回忆，同年2月21日，自己和妻子以及其他客户，在保险公司工作人员的陪同下前往浙江临安旅游。

同日抵达当地后，他们被安排在一家农家乐住宿。刘先生夫妇被分配到底楼一间没有空调的房间。然而，次日凌晨3时许，他们被农家乐老板发现昏迷在床，不省人事，伴有呕吐、大小便失禁等症状。随后，夫妇俩被紧急送往临安当地医院抢救，诊断为一氧化碳中毒。

回沪后，夫妇俩继续前往医院接受高压氧舱治疗。但不幸的是，唐女士从2009年3月起出现记忆力减退等渐重症状，4月被诊断为一氧化碳中毒后迟发性脑病住院治疗，后又前往长海医院、浦东精神卫生中心等多家医院治疗。

经鉴定，唐女士相当于道路交通事故的肢体伤残等级十级，因一氧化碳致精神障碍则相当于道路交通事故的六级伤残，且无民事行为能力。

如今，夫妇俩已花去了20多万元的医疗费，而唐女士的病情仍没什么好转。据刘先生称，妻子不能自如行走，大小便失禁，已无法自己独立生活，因一氧化碳中毒导致的精神障碍需常年亲人护理照顾。而刘先生自2010年全年请假照顾妻子，因此被单位要求"内退"，经济收入急剧下降，同时因中过毒，他自己的身体健康也大不如前。

为此，他们将某保险公司和农家乐经营者熊某告上法庭，索赔包括医疗费、残疾赔偿金、精神抚慰金、保险费等在内的90余万元。

律师点评

本案争议的焦点在于：第一，此次旅游的组织者是保险公司还是保险代理人；第二，保险公司和农家乐经营者对事故发生是否具有过错；第三，原告对一氧化碳中毒是否具有过错。

首先，保险公司与保险代理人之间是代理关系，根据《民法通则》和《保险法》的规定，保险代理人在代理权限内，以保险公司的名义实施的法律行为，保险公司应对代理行为承担民事责任。保险代理人有超越代理权限行为，投保人有理由相信其有代理权，并已订立保险合同的，保险人应当承担保险责任。本案中，刘先生通过保险代理人购买了保险公司的保险，才获得了免费旅游的福利，虽然这次旅游是业务代理人自发组织的，公司并不知情，但是刘先生有理由相信保险代理人推销保险以及相关活动享有代理权，保险代理人构成表见代理。代理后果仍由保险公司承担。因此，这次旅行是保险公司组织的。

表见代理是指行为人虽无代理权，但由于本人的行为，造成了足以使善意第三人相信其有代理权的表象，而与善意第三人进行的、由本人承担法律后果的代理行为。表见代理实质上是无权代理，是广义无权代理的一种。若无权代理行为均由被代理人追认决定其效力的话，会给善意第三人造成损害，因此，在表见的情形之下，规定由被代理人承担表见代理行为的法律后果，更有利于保护善意第三人的利益，维护交易安全，并以此加强代理制度的可信度。

其次，此次旅游是在购买指定保险之后才获得，所以这个旅游服务其实是有偿的，那么保险公司与刘先生之间实际上形成了旅游服务合同关系。保险公司具有保障刘先生与妻子旅行过程中安全的义务。本案中，保险公司的陪同旅游人员对炭盆取暖可能带来的风险和后果，没有尽到提醒和通知义务，因此，对事故的发生存在过错。根据《侵权责任法》的规定，保险公司应当承担与过错相适应的责任。根据《侵权责任法》第 37 条的规定，宾馆、商场、银行、车站、娱乐场所等公共场所的管理人或者群众性活动的组织者，未尽到安全保障义务，造成他人损害的，应当承担侵权责任。农家乐老板应当保障住宿客人的安全，本案中老板熊某未提示刘先生炭盆取火的风险，未尽到安全保障义务，存在过错。

最后，刘先生夫妇作为具有完全行为能力人，应当具有炭火取暖危险的常识，刘先生夫妇在这起意外中存在一定的过错，应当自行承担一部分责任。

综上所述，保险公司、农家乐和刘先生夫妇应该根据各自的过错承担相应的责任。

法律依据

1.《保险法》

第一百二十五条　保险代理人是根据保险人的委托，向保险人收取代理手续费，并在保险人授权的范围内代为办理保险业务的单位或者个人。

第一百二十八条　保险代理人根据保险人的授权代为办理

保险业务的行为，由保险人承担责任。

保险代理人为保险人代为办理保险业务，有超越代理权限行为，投保人有理由相信其有代理权，并已订立保险合同的，保险人应当承担保险责任；但是保险人可以依法追究越权的保险代理人的责任。

2.《民法通则》

第六十三条 公民、法人可以通过代理人实施民事法律行为。

代理人在代理权限内，以被代理人的名义实施民事法律行为。被代理人对代理人的代理行为，承担民事责任。

第六十五条第三款 委托书授权不明的，被代理人应当向第三人承担民事责任，代理人负连带责任。

第六十六条一款 本人知道他人以本人名义实施民事行为而不作否认表示的，视为同意。

3.《侵权责任法》

第六条 行为人因过错侵害他人民事权益，应当承担侵权责任。

第十四条 连带责任人根据各自责任大小确定相应的赔偿数额；难以确定责任大小的，平均承担赔偿责任。

第十六条 侵害他人造成人身损害的，应当赔偿医疗费、护理费、交通费等为治疗和康复支出的合理费用，以及因误工减少的收入。造成残疾的，还应当赔偿残疾生活辅助具费和残疾赔偿金。造成死亡的，还应当赔偿丧葬费和死亡赔偿金。

第二十六条 被侵权人对损害的发生也有过错的，可以减轻侵权人的责任。

第三十七条 宾馆、商场、银行、车站、娱乐场所等公共场所的管理人或者群众性活动的组织者，未尽到安全保障义务，造成他人损害的，应当承担侵权责任。

因第三人的行为造成他人损害的，由第三人承担侵权责任；管理人或者组织者未尽到安全保障义务的，承担相应的补充责任。

景区免费旅行社却照旧收费，游客投诉获赔

案例回放

5月20日，江苏无锡的浦先生与亲朋好友共19人报名参加了浙江雁荡山三日游，地接社是浙江绍兴浙风旅行社。

据浦先生讲述，5月20日当天一上车，浙风旅行社的导游小王便向车上的游客收取了两个自费景区门票费用共240元。其中60元为台州龙穿峡景区门票，80元为天下玉苑门票，100元为4顿餐费。5月20下午，在龙穿峡景区旅游途中，游客获知龙穿峡景区在第一个中国旅游日前后三天推出免票活动。考虑到行程还没有结束，浦先生决定行程结束后再与导游进行交涉。5月22日，在回无锡途中，浦先生以及同行游客向导游小王提出全额退还多收的门票费以及餐费共70元的要求，但导游请示单位领导后，拒绝了浦先生等人的请求。"没想到在第一个旅游日，还会遭遇旅游欺诈行为。"浦先生说。

据了解，当日游客曾一度拒绝下车，要求给出一个说法。

旅行社回应：事先并不知景区免费。

到达无锡后，游客要求旅行社方退还多收费用遭拒之后，浙风旅行社有限公司无锡分公司负责人梅经理曾赶到现场进行调解，但表示只能退还20元。游客对此并不满意，于是求助了当地110和新闻媒体。

浙风旅行社有限公司无锡分公司的梅经理讲述，"雁荡三日游"属于拼团游，由无锡教育旅行社有限公司、二泉假日国旅、常州中青旅等旅行社代理销售浙风旅行社有限公司的这一产品。对于龙穿峡景区免票一事，他们事先并不知情。调解时之所以只允许退还20元，是因为自己是在咨询了其他几家旅行社处理此类纠纷相关办法后作出的决定。20元费用是按照我们的成本价进行核算之后做出的决定。

无锡旅游质监所：责令旅行社全部退还门票及餐费70元

无锡市旅游质监所在事发后不久即接到了相关投诉。考虑到旅行社在出发前并不知情龙穿峡景区免票一事，属于"非故意违规"，因而并未进行严重处罚。无锡质监所正式向浙风旅行社有限公司发出责令整改通知，要求旅行社全额退还游客门票费50元（门票费为60元，扣除的10元是游客在景区内乘小车的费用）和餐费20元，并向游客公开赔礼道歉。质监所同时也在行业内对此次事件进行了通报，并作为案例在业内进行公示。

律师点评

本案争议的焦点在于浙江绍兴浙风旅行社是否应当退还多收的门票费及餐费；浙风旅行社与无锡教育旅行社的关系如何，二者应由谁承担赔偿责任。

首先，游客与浙风旅行社签订的旅游合同中应当包括旅游费用的收取明细，浙风旅行社导游向游客收取了60元的台州龙穿峡景区门票以及100元的4顿餐费，但是龙穿峡景区在第一个中国旅游日前后三天推出免票活动。因此，门票及相应餐费属于旅行社多收取的费用，应当退还给游客。

无锡教育旅行社是浙风旅行社的分社，根据《公司法》第14条的规定，公司可以设立分公司。设立分公司，应当向公司登记机关申请登记，领取营业执照。分公司不具有法人资格，其民事责任由公司承担。因此，退还费用的责任应当由浙风旅行社承担。

法律依据

1. 《旅游法》（2013 年 10 月 1 日生效）

第四十四条　景区应当在醒目位置公示门票价格、另行收费项目的价格及团体收费价格。景区提高门票价格应当提前六个月公布。

将不同景区的门票或者同一景区内不同游览场所的门票合并出售的，合并后的价格不得高于各单项门票的价格之和，且旅游者有权选择购买其中的单项票。

景区内的核心游览项目因故暂停向旅游者开放或者停止提供服务的，应当公示并相应减少收费。

第五十八条　包价旅游合同应当采用书面形式，包括下列内容：

（七）旅游费用及其交纳的期限和方式；

2. 《旅行社管理条例》

第二十三条　旅行社对旅游者提供的旅行服务项目，按照国家规定收费；旅行中增加服务项目需要加收费用的，应当事先征得旅游者的同意。旅行社提供有偿服务，应当按照国家有关规定向旅游者出具服务章据。

3. 《旅行社条例》

第三十五条　旅行社违反旅游合同约定，造成旅游者合法权益受到损害的，应当采取必要的补救措施，并及时报告旅游行政管理部门。

4.《公司法》

第十四条 公司可以设立分公司。设立分公司，应当向公司登记机关申请登记，领取营业执照。分公司不具有法人资格，其民事责任由公司承担。

吉林103人团购，遭遇假机票被拒登机

案例回放

2010年12月18日，103人在长春机场登机时，被机场方面告知所持机票为假票，不能登机。经查，103人是吉林长春、敦化等地的市民，拟赴深圳参加由当地旅行社组织的港澳游自由行。103人委托延边某旅行社敦化分公司代订往返机票103张，票款合计156 310元。未料，该分公司负责人粟某为偿还个人欠款，违法出具假机票，导致103人出行受阻，影响恶劣。

延边某旅行社敦化分公司负责人粟某因违法出具假机票，被公安部门刑事拘留。该旅行社遂主动与被害人代表达成调解协议，一次性退还156 310元机票款，同时赔偿游客的直接经济损失59 000元。延边州旅游局针对该旅行社内部管理混乱，造成游客权益损害问题，撤销该旅行社敦化分公司的旅行社分社备案登记并收缴《备案登记证》，建议工商部门吊销该分社的《营业执照》；吉林省旅游局决定暂停受理该旅行社在省内设立分社的备案，要求该旅行社暂停省内其余分社经营业务并进行整改。

律师点评

以上案情至少有三个问题值得关注：一是由谁承担本案产

生的赔偿责任？二是责任主体应当承担什么责任？三是本案启示。

由谁承担赔偿责任？《旅行社条例》第 2 条规定，旅行社，是指从事招徕、组织、接待旅游者等活动，为旅游者提供相关服务，开展国内旅游业务、入境旅游业务或者出境旅游业务的企业法人。《旅行社条例实施细则》第 2 条规定，旅行社可以接受旅游者委托，代订交通客票、代订住宿和代办出境、入境、签证手续。《旅行社条例》第 10 条规定，分社的经营范围不得超出设立分社的旅行社的经营范围。《旅行社条例实施细则》第 18 条规定，旅行社分社不具有法人资格，以设立分社的旅行社的名义从事《旅行社条例》规定的经营活动，其经营活动的责任和后果，由设立社承担。以上法律法规表明，敦化分公司作为延边某旅行社的分级机构，可以接受相对人的被害人委托代订往返港澳游机票。但从民法的角度来看，敦化分公司不具有独立的民事主体资格，不能独立承担民事责任，其经营行为限制在设立社授权其开展的经营活动，由此产生的责任自然应当由设立社承担。所以，尽管导致 103 名被害人出行受阻是由敦化分公司负责人粟某所为，但应当由延边某旅行社承担赔偿责任。

责任主体应当承担什么责任？本案的责任涉及到民事责任和刑事责任。本案的刑事责任主体是向被害人提供假机票的粟某。粟某向被害人提供假机票，非法占有被害人的购票款达 15.6 万余元，致被害人不能如期成行，其行为均符合合同诈骗罪的构成要件。司法机关将依据相关法律规定追究粟某的刑事责任。

本案的民事责任主体主要是旅行社和粟某，他们对被害人的民事赔偿承担连带责任。粟某作为职业人，明知持假机票不能登机，却为偿还个人欠款违法出具假机票，导致 103 名被害人不能出游，其行为属于民事欺诈。但是，粟某系企业法人分支机构的负责人，按照商法的基本原理，其职务行为系代表企业所为的行为，因此由企业法人承担责任。

本案值得欲设立分支机构的旅行社借鉴和警醒。旅行社设立包括分社、服务网点在内的分支机构，是适应旅游业务跨地域经营的特点、放开搞活的重要举措。鼓励旅行社设立分支机构，有利于旅行社业务发展。但由于分支机构以设立社的名义从事规定的经营活动，其经营活动的责任和后果由设立社承担，旅行社在设立分支机构时，应当根据其实力和发展战略确定分支机构的设立，切忌贪大求全盲目扩张导致管理失控；同时还要防止利用设立分支机构变相出卖《经营许可证》的不法行为。

法律依据

1.《旅行社条例》

第 2 条　旅行社，是指从事招徕、组织、接待旅游者等活动，为旅游者提供相关服务，开展国内旅游业务、入境旅游业务或者出境旅游业务的企业法人。

第 10 条　分社的经营范围不得超出设立分社的旅行社的经营范围。

2.《旅行社条例实施细则》

第 2 条　旅行社可以接受旅游者委托，代订交通客票、代订住宿和代办出境、入境、签证手续。

第 18 条　旅行社分社不具有法人资格，以设立分社的旅行社的名义从事《旅行社条例》规定的经营活动，其经营活动的责任和后果，由设立社承担。

3.《刑法》

第二百二十四条　【合同诈骗罪；组织、领导传销活动罪】有下列情形之一，以非法占有为目的，在签订、履行合同过程中，骗取对方当事人财物，数额较大的，处三年以下有期徒刑或者拘役，并处或者单处罚金；数额巨大或者有其他严重情节的，处三年以上十年以下有期徒刑，并处罚金；数额特别巨大或者有其他特别严重情节的，处十年以上有期徒刑或者无期徒刑，并处罚金或者没收财产：

（一）以虚构的单位或者冒用他人名义签订合同的；

（二）以伪造、变造、作废的票据或者其他虚假的产权证明作担保的；

（三）没有实际履行能力，以先履行小额合同或者部分履行合同的方法，诱骗对方当事人继续签订和履行合同的；

（四）收受对方当事人给付的货物、货款、预付款或者担保财产后逃匿的；

（五）以其他方法骗取对方当事人财物的。

男子登山遇难，家属状告"驴友"索赔 26 万

案例回放

小李 37 岁，家住郑州，喜欢上网和旅游。去年 7 月 21 日，网友"华青石"在某论坛上发出约伴帖，准备组织一次"自助游约伴"。帖子发出，应者云集，小李也是其中之一。

他们约定，8 月 13 日从郑州出发，前往陕西陵川。13 日，一行 17 人如约踏上行程。15 日，他们从陵川一个叫马武寨的地方出发，进入密林深处，他们要前往一个当地人称之为"老虎

嘴"、"老黄"的地方，过一个大瀑布，到达一个叫"抱犊"的山顶。

在通过"老黄"这段山路时，由于山路湿滑，小李跌落30米深的悬崖，后经抢救无效死亡。

事故发生后，和小李一起爬山的驴友，出于道义，每人向小李的家属支付了500元的安抚费用。小李的家属则认为，驴友的补偿远远不足以弥补他们家的损失。他们说，小李是家里的顶梁柱，上有年迈的父母，下有一双儿女，最小的孩子仅仅2岁多。

他们找到这次旅游活动的组织者陈某和其他14名驴友，要求赔偿。遭到拒绝后，昨日，他们把15人一起告上法庭，要求赔偿抚养费、死亡补偿金、精神抚慰金和丧葬费各项费用总和的50%共计260 989.5元。

李老头的代理律师说，从法律的角度来讲，陈某作为组织者，本身存在过错，应该承担相应的过错责任。而其他14名驴友，作为一个驴友团体，根据公平原则，也应承担相应责任。

谈起小李，与其在旅游中相识的小魏不胜唏嘘。"他（小李）不是小孩子，他以前多次出去，那天出发前下雨了，他知道，他穿的鞋子却不是登山鞋，也没拿手杖。"小魏说，自助游是一种完全自发的自助组合，属于"风险自担"的行为。

他认为，参加这一活动的驴友对活动所冒的风险都是明知的，在这个过程中，每个人都应当对自己的安全负责。

提起往事，"驴头"陈某不愿多讲，他说："既然起诉了，那就应诉。"

但在论坛中，"戈壁青石"贴了一段最高法院关于此类情况的意见：

"当事人进行野外集体探险或者结伴自助游，各参与人系成年人，有完全民事行为能力，对野外集体探险或者结伴自助游具有一定风险应当明知。

尽管受害人的死亡属于意外身亡，参加野外集体探险或者结伴自助游的各当事人，已尽必要的救助义务，当事人对造成损害都没有过错的，可以根据实际情况，由当事人分担民事责任。

当事人对造成损害均无过错，但一方是在为对方的利益或者共同的利益进行活动的过程中受到损害的，可以责令对方或者受益人给予一定的经济补偿。"

请问：自助游团队的号召者与同行的驴友该否承担责任？

律师点评

本案争议的焦点在于，驴头陈某和其他 14 名驴友对小李的死是否具有过错，若没有过错，是否应根据公平原则承担补偿责任。

首先，驴头陈某并不是此次自助游的组织者。郑州网友"戈壁青石"，即驴头陈某，在大河论坛上发出约伴帖，准备组织一次"自助游约伴"。帖子的内容并不包含陈某以组织者的身份制定具体活动方案，没有具体的组织分工，也没有公推陈某为组织者，故陈某只是这次活动的发起人，并非组织管理者。

其次，驴头陈某和其他 14 名驴友对小李的死不具有过错。户外探险活动具有一定的风险性。参与户外集体探险的 15 名驴友都是成年人，有完全民事行为能力，应当知道户外探险具有一定的风险。各参与者之间基于对风险的认识而产生结伴互助的依赖和信赖，具有临时互助团体的共同利益。各参与者之间并不存在管理与被管理的关系。因此，小李不幸坠入悬崖死亡，属于意外事件，其他驴友并无过错。

再次，根据《侵权责任法》第 24 条的规定，受害人和行为人对损害的发生都没有过错的，可以根据实际情况，由双方分担损失。因此，出于道义上的责任。驴头陈某和其他 14 明驴友应当对小李的死承担相应的补偿责任。

要是遇难者有工作单位，并在单位中买有保险，可以向保险公司索赔；或者如果事情是在旅游景点或有单位直接管理的区域发生，可以追究景区承担管理不善的责任。

另外，随着越来越多驴友活动的开展，加大了该类事故的发生率。不少朋友在参加团队出游前并没有仔细考虑自己的身体条件、野外活动经验等方面是否合适参加这些活动，只是觉得很好玩就匆匆报名参加。参与出行应该本着对个人负责的态度，户外运动是一项具有一定风险的活动，露营、爬山、游泳都带有一定的危险，大家应该从中吸取教训，参加任何活动都应小心为妙。

目前驴友自助游过于随意，特别是"召集人"、"领队"缺乏野外生存常识，缺乏对气象、地形、地貌的了解，野外防范、规避危险和救助知识也缺乏，因而自助游不时出现意外事件。为此旅游管理部门应该成立自助游咨询机构，对驴友提供咨询和指导。

同时，旅游部门应建立对自助游召集人的认证制度，对召集人的责任进行明确。因为自助游发生意外，召集人或领队的责任心缺乏往往是一个重要因素。我国目前尚无明确法律法规对民间自发组织的户外自助游活动做出专门的规范。没有这样一个责任认定机制，一旦发生意外，没有人需要承担任何法律上和经济上的责任；事后责任追究的缺失，也会造成探险活动事前的轻率化和盲目化。

法律依据

1.《侵权责任法》

第二十四条 受害人和行为人对损害的发生都没有过错的，可以根据实际情况，由双方分担损失。

第二十六条 被侵权人对损害的发生也有过错的，可以减轻侵权人的责任。

第二十九条 因不可抗力造成他人损害的，不承担责任。法律另有规定的，依照其规定。

2.《最高人民法院关于审理人身损害赔偿案件适用法律若干问题的解释》

第二条 适用民法通则第一百零六条第三款规定确定赔偿义务人的赔偿责任时，受害人有重大过失的，可以减轻赔偿义务人的赔偿责任。

出国旅游遇机票超售，旅行社成为被告

案例回放

王先生和田女士在 2009 年 6 月初，通过青岛佑爱航空旅游咨询有限公司（以下简称"佑爱公司"）报名参加了马尔代夫班度士岛 3 晚 5 天旅游。旅游是由在北京的中国金桥旅游总公司（以下简称"金桥公司"）组织。

2009 年 6 月 8 日，王先生陆续收到佑爱公司通过电子邮件发来的付款通知、旅游参考行程、注意事项及班度士岛介绍等资料。三天后，王先生、田女士向佑爱公司交纳了旅游团费9000 元，这笔钱后来查实已支付给金桥公司。

当年 6 月 17 日，王先生和田女士踏上了马尔代夫之旅，在岛上的旅行很顺利，两人尽情享受着碧海蓝天。但 6 月 21 日到斯里兰卡科伦坡机场准备回国时，却遇到了麻烦：飞机满员！一行 28 人的旅行团只落下王先生和田女士两人。王先生回忆说："得知不能登机，旅行带来的好心情一下子都没了，在国外人生地不熟的，我都愁坏了！"

王先生赶紧通过电话与佑爱公司、金桥公司交涉，可还是没能搭上航班。"我又打电话与家人联系，家人也着急了，最终通过网络又订了两张其他航空公司的机票，在滞留 20 个小时后，才搭上航班回到了北京。"王先生说，重新订的两张机票花了 786.06 美元，在机场打电话花了 331.96 元。王先生为此诉至法院。

市南法院一审时，佑爱公司提交了一份由金桥公司提供的通知复印件，内容为通知王先生、田女士所在的旅游团全部成员，其所参加的是考察团，由斯里兰卡科伦坡航空公司提供免票，如因"航班超售"原因不能按原计划登机，将安排搭乘下一班航班，产生的住宿等其他费用由游客自理。通知上有王先生两人的签名。

王先生两人认出签名是自己签的，但这是在机场签到时签的字，当时并没有告知航班超售之类的内容，而且下面的落款日期有改动。法院要求佑爱公司、金桥公司提交通知的原件，但两公司一直没有提交，法院没有采信。

法院经审理认为，因佑爱公司、金桥公司航班安排问题，在两公司一直未能有效解决的情况下，王先生两人自费购买机票返程，机票费应由两公司负担。王先生两人已经完成全部旅程，不应退还旅游团费，也不支持精神损失费。一审判决两公司支付机票费 787.06 美元、通讯费 331.96 元。

律师点评

本案争议的焦点在于，佑爱公司、金桥公司的行为是否违反了旅游服务合同的约定。

王先生和田女士在 2009 年 6 月初，通过青岛佑爱航空旅游咨询有限公司报名参加了马尔代夫班度士岛 3 晚 5 天旅游。旅游是由在北京的中国金桥旅游总公司组织。并且王先生、田女士向佑爱公司交纳了旅游团费 9000 元。至此，佑爱公司、金桥公司与王先生、田女士之间的旅游服务合同已经成立，并且旅行社应当在旅游行程开始前向旅游者提供旅游行程单。旅游行程单是包价旅游合同的组成部分。因此，佑爱公司、金桥公司与王先生、田女士之间的旅游服务合同中应当包含了来去的航班信息，因此，佑爱公司、金桥公司应当按照合同的约定保证王先生、田女士在约定的时间乘坐航班回国。因为飞机满员致使王先生、田女士未能按时返回，佑爱公司、金桥公司未事先通知游客，因此，两公司未尽到合理的通知、提醒义务，给王先生、田女士带来了损失，违反了合同约定的义务，因此，两公司应赔偿游客因飞机延误所带来的损失。

关于佑爱公司提交的一份由金桥公司提供的通知复印件，内容为通知王先生、田女士所在的旅游团全部成员，其所参加的是考察团，由斯里兰卡科伦坡航空公司提供免票，如因"航班超售"原因不能按原计划登机，将安排搭乘下一班航班，产生的住宿等其他费用由游客自理。通知上有王先生两人的签名。这一通知因未能提供原件，导致证据真实性存在疑问，法院没有采用。

法律依据

1.《旅游法》（2013 年 10 月 1 日生效）

第五十七条　旅行社组织和安排旅游活动，应当与旅游者订立合同。

第五十八条　包价旅游合同应当采用书面形式，包括下列内容：

（一）旅行社、旅游者的基本信息；

（二）旅游行程安排；

（三）旅游团成团的最低人数；

（四）交通、住宿、餐饮等旅游服务安排和标准；

（五）游览、娱乐等项目的具体内容和时间；

（六）自由活动时间安排；

（七）旅游费用及其交纳的期限和方式；

（八）违约责任和解决纠纷的方式；

（九）法律、法规规定和双方约定的其他事项。

订立包价旅游合同时，旅行社应当向旅游者详细说明前款第二项至第八项所载内容。

第五十九条　旅行社应当在旅游行程开始前向旅游者提供旅游行程单。旅游行程单是包价旅游合同的组成部分。

第六十九条　旅行社应当按照包价旅游合同的约定履行义务，不得擅自变更旅游行程安排。

第七十条　旅行社不履行包价旅游合同义务或者履行合同义务不符合约定的，应当依法承担继续履行、采取补救措施或者赔偿损失等违约责任；造成旅游者人身损害、财产损失的，应当依法承担赔偿责任。旅行社具备履行条件，经旅游者要求仍拒绝履行合同，造成旅游者人身损害、滞留等严重后果的，旅游者还可以要求旅行社支付旅游费用一倍以上三倍以下的赔偿金。

2.《旅行社条例》

第二十九条　旅行社在与旅游者签订旅游合同时，应当对旅游合同的具体内容作出真实、准确、完整的说明。

旅行社和旅游者签订的旅游合同约定不明确或者对格式条款的理解发生争议的，应当按照通常理解予以解释；对格式条款有两种以上解释的，应当作出有利于旅游者的解释；格式条款和非格式条款不一致的，应当采用非格式条款。

温州开出国内首张超售罚单

案例回放

2010年2月3日，温州人黄先生和亲戚朋友一行8人，订了8张由温州飞往深圳的机票。去领登机牌时，却被告知其中2人不能上飞机。再三追问下，他们才知道，原来本次航班只有127个座位，而卖出的机票却是129张。由于机票超售，航空公司表示多出的2位乘客可以先飞到广州，再坐车去深圳。另外每人可以得到300元赔偿。黄先生等人要求航空公司赔偿经济和精神损失5万元。

由于双方要求的赔偿金额差距太大，无法协商。当年11月5日，温州工商局龙湾分局对广东这家航空公司作出行政处罚决定，责令其改正违法行为，并处罚款5000元。这是国内首次对机票超售作出的行政处罚。

律师点评

机票超售是一种"国际惯例",是当前全世界航空公司都采用的一种销售机票方式,主要是因为有些旅客订票后突然放弃旅行,从而造成航班空座。为了满足更多旅客的出行需要和避免航空公司座位的浪费,航空公司会在部分容易出现空座的航班上,进行适当的超售。但是"国际惯例"并非法律。

本案涉及合同欺诈和违约责任的竞合。乘客订购机票就与航空公司形成了合同关系,航空公司并未告知乘客机票超售,涉嫌合同欺诈,根据《合同法》的规定,乘客可以要求撤销合同并赔偿损失。

航空公司并未按照合同保证乘客乘坐飞机,是明显的违约行为,给乘客造成直接经济损失应由航空公司承担。

乘客可以二选其一提起诉讼。

法律依据

《合同法》

第五十四条 一方以欺诈、胁迫的手段或者乘人之危,使对方在违背真实意思的情况下订立的合同,受损害方有权请求人民法院或者仲裁机构变更或者撤销。

第六十条 当事人应当按照约定全面履行自己的义务。

当事人应当遵循诚实信用原则,根据合同的性质、目的和交易习惯履行通知、协助、保密等义务。

第一百零七条 当事人一方不履行合同义务或者履行合同义务不符合约定的,应当承担继续履行、采取补救措施或者赔偿损失等违约责任。

揭秘旅游业潜规则与风险防范

第二章

酒店浴巾藏刀片伤人，顾客权益谁维护?

案例回放

邱女士说：我们是早上入住君美达酒店，入住后，孩子急不可待的就去洗澡，洗完澡后，孩子在浴室大声问我："妈妈，能不能用这里的毛巾?"（由于听一开宾馆的朋友说过，都有消毒可放心用）我就告诉孩子就用那里的毛巾，孩子就拿了大浴巾擦身体，这时我在外面就听到啊的一声叫，大声问他，说是手被大浴巾上的刀片割伤了，进去一看，手上的一小块肉被割掉了，毛巾上也流了不少血。大浴巾上怎么会有刀片? 只有一种可能，那就是我们在等酒店收拾客人才离开的房间时，工人没更换大浴巾，这应该是上位客人的遗留物。

酒店却说一定会更换浴巾，而且那个刀片是类似于吉列的刀头，绝对不是酒店的。

邱女士：孩子受伤后，酒店工作人员带孩子包扎打针，打针后孩子觉得疼不愿出门，我们只能带着孩子在酒店睡觉。孩子受伤影响了我们的行程，试想下，我们全家坐飞机来玩三天，平均每天花费3000余元。我们希望酒店能补偿我们的损失。

请问：在酒店受伤，影响行程，损失该如何赔付？

律师点评

本案存在侵权责任和违约责任的竞合问题。当事人可以选择其中一个请求权基础提起诉讼。

首先，探讨侵权责任。根据《侵权责任法》第37条的规定，宾馆、商场、银行、车站、娱乐场所等公共场所的管理人或者群众性活动的组织者，未尽到安全保障义务，造成他人损害的，应当承担侵权责任。同时，根据《消费者权益保护法》第7条的规定，消费者在购买、使用商品和接受服务时享有人身、财产安全不受损害的权利。消费者有权要求经营者提供的商品和服务，符合保障人身、财产安全的要求。本案中，酒店应当保障所有住宿者的人身财产安全，酒店提供的毛巾应该进行消毒并且不应出现刀片这样锋利的物品，即使该刀片并非酒店所有，而是上位客人留下来，酒店在进行房间清扫时，应当更换毛巾并对刀片进行合理处置。然而，酒店清扫人员并未发现刀片的存在，具有明显过错，因此，酒店应当承担侵权责任，应当支付医疗费、治疗期间的护理费、因误工减少的收入等费用。同时，根据《最高人民法院关于审理人身损害赔偿案件适用法律若干问题的解释》和《最高人民法院关于确定民事侵权精神损害赔偿责任若干问题的解释》的规定，当事人可以提出精神损害赔偿。

其次，探讨合同违约责任。客人入住酒店，与酒店之间形成了合同关系。酒店应当按照合同约定履行义务，保障客人的住宿清洁和安全，这是合同的最基本义务。本案中，由于清洁人员的疏忽，受害人被酒店残留的刀片割伤，是明显的违约行为。根据《合同法》的规定，当事人一方不履行合同义务或者履行合同义务不符合约定的，应当承担继续履行、采取补救措施或者赔偿损失等违约责任。

法律依据

1.《侵权责任法》

第三十七条　宾馆、商场、银行、车站、娱乐场所等公共场所的管理人或者群众性活动的组织者，未尽到安全保障义务，造成他人损害的，应当承担侵权责任。

因第三人的行为造成他人损害的，由第三人承担侵权责任；管理人或者组织者未尽到安全保障义务的，承担相应的补充责任。

2.《合同法》

第六十条　当事人应当按照约定全面履行自己的义务。

当事人应当遵循诚实信用原则，根据合同的性质、目的和交易习惯履行通知、协助、保密等义务。

第一百零七条　当事人一方不履行合同义务或者履行合同义务不符合约定的，应当承担继续履行、采取补救措施或者赔偿损失等违约责任。

3.《消费者权益保护法》

第七条　消费者在购买、使用商品和接受服务时享有人身、财产安全不受损害的权利。

消费者有权要求经营者提供的商品和服务，符合保障人身、财产安全的要求。

第十八条　经营者应当保证其提供的商品或者服务符合保障人身、财产安全的要求。对可能危及人身、财产安全的商品和服务，应当向消费者作出真实的说明和明确的警示，并说明和标明正确使用商品或者接受服务的方法以及防止危害发生的方法。

第四十一条 经营者提供商品或者服务，造成消费者或者其他受害人人身伤害的，应当支付医疗费、治疗期间的护理费、因误工减少的收入等费用，造成残疾的，还应当支付残疾者生活自助具费、生活补助费、残疾赔偿金以及由其扶养的人所必需的生活费等费用；构成犯罪的，依法追究刑事责任。

4.《最高人民法院关于审理人身损害赔偿案件适用法律若干问题的解释》

第十七条 受害人遭受人身损害，因就医治疗支出的各项费用以及因误工减少的收入，包括医疗费、误工费、护理费、交通费、住宿费、住院伙食补助费、必要的营养费，赔偿义务人应当予以赔偿。

5.《最高人民法院关于确定民事侵权精神损害赔偿责任若干问题的解释》

第一条 自然人因下列人格权利遭受非法侵害，向人民法院起诉请求赔偿精神损害的，人民法院应当依法予以受理：

（一）生命权、健康权、身体权；

（二）姓名权、肖像权、名誉权、荣誉权；

（三）人格尊严权、人身自由权。

境外购物出问题如何解决？

案例回放

年底出国旅游，不仅能享受疯狂"血拼"购物的乐趣，还能亲身感受原汁原味的圣诞和新年气息。随着圣诞节和新年的逼近，国外的商家也准备开始打折促销活动，越来越多的市民加入到岁末"血拼"的行列。

南京市民张先生是名旅游爱好者，国庆长假期间，张先生带着老婆参加了南京一家旅行社的境外旅游团，旅行前特地兑换了外币，并且做足了功课，不仅网上找旅游攻略，还到商场把需要购买的产品型号、价格全部记录下来，准备到国外血拼一把。

按照旅行社合同约定，张先生和夫人顺利来到了欧洲，到达欧洲后，导游按照旅行社合约安排张先生夫妇一行到购物店购物，早就有传闻，导游带的购物店，导游可能会拿回扣，于是张先生夫妇并没有在导游带的购物店购物，并决定自行到免税店购物，买了很多心仪的商品。张先生又挑选了一块高档手表，价值 1099 欧元，一切都很顺利，并且张先生夫妇如期回国。

可是刚回国的第二天购买的手表却不走了。明明还没有佩戴，怎么会不走了呢？国外的免税店也不可能销售假货，带着疑问，张先生来到了南京的专柜，专柜告知可能存在质量问题，如果是在国内专柜购买的，可以做退货处理，如果不是在国内专柜购买的，就没有办法了。

张先生首先找到旅行社，旅行社告知你既没有在我方指定的购物店购买，也未与我方签订相关自行购买物品的合约，因此旅行社不负任何责任。无奈之下，张先生抱着试试看的想法，来到了赛虹桥工商所，接到张先生的求助后，工商所工作人员与旅行社取得联系，并为张先生的求助进行了调解。

工商所认为，依据《旅行社条例》、《消费者权益保护法》最大程度维护消费者合法利益的立法宗旨，旅行社完全可以帮助消费者与国外商家取得联系并协商解决问题。在工商所调解下，旅行社答应帮助张先生在本月的另一个团队旅游时，帮助张先生退货或者更换同一款手表。

那么，境外购物出问题如何解决？

律师点评

本案存在两个法律关系：一是张先生夫妇与旅行社达成的旅游服务合同关系；二是购买手表而与商店形成的买卖合同关系。

根据《合同法》第155的规定，出卖人交付的标的物不符合质量要求的，买受人可以依照本法第一百一十一条的规定要求承担违约责任。本案中，张先生购买的手表存在质量问题，该免税商店构成违约，应当承担违约责任。根据《合同法》第107条和111条的规定，张先生可以根据标的的性质以及损失的大小，可以合理选择要求商店承担修理、更换、重作、退货、减少价款或者报酬等违约责任。

张先生夫妇与旅行社达成的旅游服务合同中，只是就旅游服务进行约定，张先生的手表并不是在旅行社指定的免税商店购买的，并且旅行社也不对游客购买的商品质量承担责任，因此，张先生购买手表的行为与旅行社无关，旅行社不应对商品质量瑕疵承担责任。

综上所述，尹某可以要求商店承担违约责任，但是不能要求旅行社承担责任。

提醒消费者境外购物一定要索取相关票据，保存好合同、行程表。如果在旅行社指定的购物店购买商品，消费者最好在出境前与旅行社约定好双方责任及权利，便于回国后进行维权。如果商品出现问题，可以联系旅行社，请求旅行社与国外商家取得联系，协助进行商品更换。

法律依据

《合同法》

第一百零七条　当事人一方不履行合同义务或者履行合同义务不符合约定的，应当承担继续履行、采取补救措施或者赔偿损失等违约责任。

第一百一十一条　质量不符合约定的，应当按照当事人的约定承担违约责任。对违约责任没有约定或者约定不明确，依照本法第六十一条的规定仍不能确定的，受损害方根据标的的性质以及损失的大小，可以合理选择要求对方承担修理、更换、重作、退货、减少价款或者报酬等违约责任。

第一百五十五条　出卖人交付的标的物不符合质量要求的，买受人可以依照本法第一百一十一条的规定要求承担违约责任。

旅游途中遭遇翻车，伤者后续治疗费该不该赔？

案例回放

2010年5月13日，由其所在单位某汽车销售有限公司统一报名，24岁的孟小姐参加了由国旅（深圳）国际旅行社有限公司（以下简称"国旅"）负责组织的阳朔三天游旅行团，并签订了旅游合同，支付了旅游团款。

此后，国旅和深圳市大洲旅行社有限公司签订合同，约定由大洲旅行社作为地接社具体承办该旅游活动。大洲旅行社又和深圳市友盟旅运有限公司（以下简称"友盟公司"）签订《旅游包车租赁协议书》，约定友盟公司为该旅游提供交通服务。

2010年5月22日，孟小姐等19人乘坐友盟公司司机刘某驾驶的旅游车行驶到广西平乐县时，由于司机刘某在雨天路滑的恶劣条件下行驶，且没按照操作规范安全驾驶和保持安全车速，导致车辆横滑翻车，造成孟小姐身体多处受伤。事发后，经过广西交警部门认定：司机刘某对该事故承担全部责任。

事故发生后，刘小姐进行了治疗，并申请司法鉴定，鉴定书认为其后续治疗费还需3万元。为此，她将国旅和友盟公司告上法庭，要求两被告赔偿其后续治疗费、护理费、鉴定费等共计4.4万余元。

深圳市罗湖区法院经审理后认为，孟小姐是旅游者，国旅是旅游经营者，友盟公司是旅游辅助服务者。国旅没有保障孟小姐等人在旅行中的人身安全，违反了旅游合同的约定；友盟公司的司机则没有按照规范安全驾驶造成事故，均应对孟小姐的损失承担赔偿责任。因孟小姐受伤是友盟公司驾驶员造成，因此国旅赔偿后可向友盟公司追偿。该院遂作出一审判决：国旅和友盟公司赔偿孟小姐后续治疗费等各项损失3万余元。

一审判决下达后，友盟公司不服判决，提起上诉。在庭审时，友盟公司提出，孟小姐诉请的后续治疗费尚未实际发生，不属于实际存在的损失，应该以后来实际发生的为准，不能单凭司法鉴定书就判其应该支付相应的后续治疗费用。就此，双方进行了激烈交锋，孟小姐认为，后续医疗费有司法鉴定书认可，理应得到赔付。庭上，法官主持了调解，双方表示愿意接受调解，法官表示将在庭后进一步组织调解。

请问：旅游事故伤者后续治疗费中司法鉴定书能否成为后续治疗费索赔依据？

律师点评

本案争议的焦点在于司法鉴定书能否成为后续治疗费索赔

依据？本案存在侵权责任与违约责任的竞合，当事人可以任选其一作为请求权的基础。

首先，探讨侵权责任。国旅和深圳市大洲旅行社有限公司签订合同，约定由大洲旅行社作为地接社具体承办该旅游活动。大洲旅行社又和深圳市友盟旅运有限公司签订《旅游包车租赁协议书》，约定友盟公司为该旅游提供交通服务。孟小姐等19人乘坐友盟公司司机刘某驾驶的旅游车行驶到广西平乐县时，由于司机刘某在雨天路滑的恶劣条件下行驶，且没按照操作规范安全驾驶和保持安全车速，导致车辆横滑翻车，造成孟小姐身体多处受伤。事发后，经过广西交警部门认定：司机刘某对该事故承担全部责任。根据《侵权责任法》第34条的规定，用人单位的工作人员因执行工作任务造成他人损害的，由用人单位承担侵权责任。因此，友盟公司应当承担侵权责任。根据《旅游法》第71条规定，由于地接社、履行辅助人的原因造成旅游者人身损害、财产损失的，旅游者可以要求地接社、履行辅助人承担赔偿责任，也可以要求组团社承担赔偿责任；组团社承担责任后可以向地接社、履行辅助人追偿。因此，孟小姐可以国旅和友盟公司请求赔偿。

其次，探讨违约责任。本案中，孟小姐与国旅形成旅游合同，与友盟公司形成交通服务合同。孟小姐是旅游者，国旅是旅游经营者，友盟公司是旅游辅助服务者。国旅没有保障孟小姐等人在旅行中的人身安全，违反了旅游合同的约定；友盟公司的司机则没有按照规范安全驾驶造成事故，均应对孟小姐的损失承担赔偿责任。因孟小姐受伤是友盟公司驾驶员造成，因此国旅赔偿后可向友盟公司追偿。

关于后续医疗费问题。本案中后续医疗费如果是未经司法鉴定确认的，仅凭当事人的诉求，法院不能直接如其所请，判决赔付。但是如果经过了司法鉴定机关鉴定确认，后续医疗费的索赔就能得到法律的支持。虽然是尚未发生的医疗费，也应该理解为必须要发生的，人民法院应该判决赔付。

那么，医院方面为患者出具的后续医疗费清单是否也具备同等的法律效力呢？院方出具的清单有一定的证据效力，但其效力仍然不能和司法鉴定机关的司法鉴定书相比，所以患者要索赔医疗费用，最好还是申请进行司法鉴定。

法律依据

1.《旅游法》（2013年10月1日生效）

第七十一条　由于地接社、履行辅助人的原因导致违约的，由组团社承担责任；组团社承担责任后可以向地接社、履行辅助人追偿。

由于地接社、履行辅助人的原因造成旅游者人身损害、财产损失的，旅游者可以要求地接社、履行辅助人承担赔偿责任，也可以要求组团社承担赔偿责任；组团社承担责任后可以向地接社、履行辅助人追偿。但是，由于公共交通经营者的原因造成旅游者人身损害、财产损失的，由公共交通经营者依法承担赔偿责任，旅行社应当协助旅游者向公共交通经营者索赔。

2.《合同法》

第六十条　当事人应当按照约定全面履行自己的义务。

当事人应当遵循诚实信用原则，根据合同的性质、目的和交易习惯履行通知、协助、保密等义务。

第一百零七条　当事人一方不履行合同义务或者履行合同义务不符合约定的，应当承担继续履行、采取补救措施或者赔偿损失等违约责任。

第一百一十三条　当事人一方不履行合同义务或者履行合

同义务不符合约定，给对方造成损失的，损失赔偿额应当相当于因违约所造成的损失，包括合同履行后可以获得的利益，但不得超过违反合同一方订立合同时预见到或者应当预见到的因违反合同可能造成的损失。

3.《侵权责任法》

第十六条　侵害他人造成人身损害的，应当赔偿医疗费、护理费、交通费等为治疗和康复支出的合理费用，以及因误工减少的收入。造成残疾的，还应当赔偿残疾生活辅助具费和残疾赔偿金。造成死亡的，还应当赔偿丧葬费和死亡赔偿金。

第三十四条第一款　用人单位的工作人员因执行工作任务造成他人损害的，由用人单位承担侵权责任。

4.《最高人民法院关于审理人身损害赔偿案件适用法律若干问题的解释》

第十七条　受害人遭受人身损害，因就医治疗支出的各项费用以及因误工减少的收入，包括医疗费、误工费、护理费、交通费、住宿费、住院伙食补助费、必要的营养费，赔偿义务人应当予以赔偿。

5.《最高人民法院关于确定民事侵权精神损害赔偿责任若干问题的解释》

第一条　自然人因下列人格权利遭受非法侵害，向人民法院起诉请求赔偿精神损害的，人民法院应当依法予以受理：

（一）生命权、健康权、身体权；

（二）姓名权、肖像权、名誉权、荣誉权；

（三）人格尊严权、人身自由权。

6.《民事诉讼法》

第六十九条　经过法定程序公证证明的法律事实和文书，人民法院应当作为认定事实的根据，但有相反证据足以推翻公证证明的除外。

服务标准与合同不符属故意欺诈吗?

案例回放

国庆节期间,某女士参加了某国际旅行社组织的成都——九寨沟——黄龙八日游旅行团。双方签订了《旅行社组团标准合同》,就旅游路线、主要观光点、交通工具、用餐及住宿标准等达成一致意见。某女士依约交纳了团费2100元。某国际旅行社亦按该旅游团的人数、行程及服务项目内容、标准等事宜与地接社四川一家旅游有限责任公司达成接待协议。旅游团按约定的日期由柳州至成都、九寨沟、黄龙等地旅行。在履约过程中,由于恰逢国庆节大假期,到九寨沟、黄龙旅游区的游人剧增,而景区的接待能力有限,致使该旅游团在住宿、用餐、交通工具、景点游览等方面存在服务质量问题,达不到合同约定的标准。服务质量问题发生后,某国际旅行社做了大量的补救工作,并向全团旅游者发出了公开致歉信,对旅行社未能达到合同约定的服务标准表示道歉,还就团内旅游者的投诉作出了多个赔偿方案,大多数游客表示谅解,同时接受了该社的经济赔偿。某女士与该社因对赔偿数额分歧较大而未能取得一致,遂诉至柳州市某区人民法院,以某国际旅行社未履行合同约定的标准提供服务、导游人员无导游证、及其行为属故意欺诈为由,要求旅行社双倍返还4200元团费,赔偿精神损失5000元,并由该旅行社法定代表人向其公开赔礼道歉。

经法院审理查明认为,"双方在自愿平等、协商一致的基础上签订的合同,意思表示真实,属有效合同,受法律保护。被告在履行合同过程中，客观上正逢国庆节大假期，为旅游旺季，九寨沟、黄龙景区游人剧增，计划安排不周等因素，主观上对可能发生服务质量事故未能充分预见，致使游客在食、宿、行、游诸方面不便，造成未完全按合同约定提供旅游服务，服务质量较差，其行为属于违约行为，应承担经济损失的违约责任。"对原告诉被告的广告欺诈、合同欺诈、价格欺诈的行为，要求双倍赔偿的问题，法院认为，"对被告散发的印刷品广告等有无广告许可证，是否违反行政法规的规定，应由有关行政部门依法处理，不能以此认定广告内容虚假，构成欺诈；对原告方所列举的被告在履约中的欺诈事项，并非被告主观故意所致，故不构成合同的欺诈；对于被告收取的旅游费用是否高于其他旅行社而获暴利，因双方在签约时对价格均无异议，本院不作暴利认定。"为此，法院对原告以被告在履约中存在欺诈行为，要求被告双倍返还团费的请求不能成立。

法院还认为，"被告在本案中的违约行为并未侵害原告的人身权，依法不产生精神赔偿的法律后果，原告要求被告赔偿精神损失5000元无法律依据，故不予支持。此外，原告要求被告法定代表人公开赔礼道歉的请求不合理，因被告的违约行为系单位行为而非个人行为，况且被告在事发后已发出了公开致歉信，故对此请求不予支持。"在认定被告应赔偿数额时，法院指出"被告虽未构成欺诈，但对其违约造成的后果应承担相应的责任，对赔偿的数额，双方无约定也无明确的法律规定，如按国家旅游局的行业标准亦无法详尽地计算出合理差价。因此可由被告按抵达成都后不能达到约定标准的差额退款。"一审法院判决：被告退赔原告旅游团费1321元；驳回原告的其他诉讼请求。案件受理费共370元，由原告承担318元，被告负担52元。

原告不服提起上诉，以被上诉人（某国际旅行社，下同）

委派的导游人员和四川地接社的两名导游员均无正式导游证，构成导游欺诈；被上诉人的实际行为与原发给每位游客的《行程介绍》不符，是对游客的欺诈和误导，构成广告欺诈等，以及原审法院适用《合同法》有误，应适用《消费者权益保护法》第49条为由，要求撤销原判、改判被上诉人双倍返还上诉人所支付的旅费并赔偿精神损失费80元。

二审法院审理查明认为，上诉人主张被上诉人委派的导游员和四川地接社委派的两名导游员无导游证违法，未能举证，故上诉人主张存在导游欺诈一节不予认定；对被上诉人所印发的《行程介绍》与实际所提供的旅游服务不相符的问题，系由于客观上景区游客剧增、接待能力不足、安排不过来，主观上是被上诉人的预见能力不足所致，且被上诉人有履行合同的诚意。因此对上诉人主张广告欺诈一节亦不予认定；上诉人要求被上诉人赔偿精神损失费无法律依据，法院不予支持。二审法院认为，原审法院认定事实清楚。驳回上诉，维持原判。

请问：服务标准与合同不符属故意欺诈吗？

律师点评

本案争议的焦点在于该旅行社的行为是违约还是合同欺诈；当事人提出的精神损害赔偿是否应得到支持。

首先，参加旅游的人，大都是抱着寻找快乐，放松身心的目的而去的。而目前旅行社对旅游产品的宣传不够规范，很容易过分渲染，如果履约的结果令人不满，这种反差往往使旅游者产生上当受骗的感觉。本案的纠纷大约就是缘起于此。一审、二审中，旅游者都坚持请求法院认定旅行社欺诈，而法院给出的回答也十分客观清晰。违约和欺诈最重要的区别就在于行为人的主观状态不同。欺诈是故意隐瞒事实真相或者制造虚假事实引诱对方上当，而违约通常是履约能力不足、客观情况变化、控制能力差造成的。本案就是由于时值旅游旺季，景区容纳、接待能力下降，旅游行程计划受阻，原因可能是旅行社安排计划预见不周、景区容量运转能力有限，加之没有完全履行好组织义务，导致旅程在食、宿、行、游诸方面服务质量较差，没有完全按合同的约定提供服务。在主观上，被告旅行社并没有故意隐瞒事实真相或者用虚假事实引诱对方上当，法院判决其只是违约而非欺诈，是正确的。

其次，精神损害赔偿不能得到支持。原因有二，第一，本案当事人是选择旅行社违约作为请求权基础提出的诉讼，在合同责任当中，当事人不能提出精神损害赔偿。第二，即使当事人提出侵权之诉，本案中旅行社的行为并未侵犯原告的人格权利，所以精神损害赔偿于法无据。

┌┈┈┈┈┈┈┈┐
╎ **法律依据** ╎
└┈┈┈┈┈┈┈┘

1. 《合同法》

第五十四条　下列合同，当事人一方有权请求人民法院或者仲裁机构变更或者撤销：

（一）因重大误解订立的；

（二）在订立合同时显失公平的。

一方以欺诈、胁迫的手段或者乘人之危，使对方在违背真实意思的情况下订立的合同，受损害方有权请求人民法院或者仲裁机构变更或者撤销。

当事人请求变更的，人民法院或者仲裁机构不得撤销

第一百零七条　当事人一方不履行合同义务或者履行合同义务不符合约定的，应当承担继续履行、采取补救措施或者赔偿损失等违约责任。

2.《最高人民法院关于审理旅游纠纷案件适用法律若干问题的规定》

第二十一条　旅游者提起违约之诉，主张精神损害赔偿的，人民法院应告知其变更为侵权之诉；旅游者仍坚持提起违约之诉的，对于其精神损害赔偿的主张，人民法院不予支持。

3.《最高人民法院关于确定民事侵权精神损害赔偿责任若干问题的解释》

第一条　自然人因下列人格权利遭受非法侵害，向人民法院起诉请求赔偿精神损害的，人民法院应当依法予以受理：

（一）生命权、健康权、身体权；

（二）姓名权、肖像权、名誉权、荣誉权；

（三）人格尊严权、人身自由权。

违反社会公共利益、社会公德侵害他人隐私或者其他人格利益，受害人以侵权为由向人民法院起诉请求赔偿精神损害的，人民法院应当依法予以受理。

游客随身物品遗失，旅行社是否应该赔偿？

案例回放

李某一家三口参加某旅行社组织的港、澳、泰10日游，在香港旅游时，李某称其随身携带的装有护照、往返机票、现金等财物（价值3万余元）的背包遗失，致使其一家三口身无分文滞留在香港达6天之久，为此，李某认为依据《旅行社管理条例》规定，旅行社应当为旅游者提供符合保障旅游者人身财产安全需要的服务，对有可危及旅游者人身、财产安全的项目，应当为旅游者作出说明和明确的警示、并采取防止危害发生的措施。但旅行社未能认真履行该义务致使其随身携带物品丢失，要求旅行社退还旅游团费，赔偿丢失物品损失。

旅行社辩称，在组织此泰、港、澳旅游团的过程中遵守了国家有关规定，为旅游者办理了旅游意外保险，对有关旅游者人身财物安全事项，作了多次明确的警示和说明。因此，不应对旅游者随身携带物品的丢失承担责任。按照惯例和常识，旅游者的个人携带物品属个人隐私，理应自己保管好，如有遗失，责任自负。此外，在旅游者李某声称随身携带物品丢失后，该旅行社及时积极协助其报案、登报声明、补办临时护照、提供通讯方便，安排食宿和垫款购买由香港直航青岛机票，共垫付各项费用达 11 960 元港币，给出事游客以积极的同情和帮助，因此，从道义上，旅行社已尽了责任。

请问：游客随身物品遗失，旅行社是否应该赔偿？

律师点评

本案的情况实践中比较常见。旅行社是否对游客随身携带物品遗失承担赔偿责任？

首先应当明确旅行社对游客的随身物品是否负有保管责任。我国《合同法》规定：保管合同是保管人保管寄存人交付的保管物、并返还该物的合同。据此、只有当旅游者将其物品交付旅行社保管，由于旅行社的不慎，将游客物品丢失，才应当承担赔偿责任。而在本案中，李某的物品并没有交给旅行社保管，而是由其本人随身携带，也就是说，在李某与旅行社之间并不存在保管法律关系，也即丢失的物品是在李某本人的保管之下。当然在这种情况下，旅行社作为旅程组织者，如果在治安状况比较混乱的地方，尤其根据以往被盗事件发生的教训，仍然有义务适时提醒旅游者注意的义务。香港并不属于治安较差的地区，旅行社只要尽到了一般的提醒义务即已足够。本案旅行社也多次向旅游者提醒，丢失物品是旅游者随身携带的，处于其自己保管之下，发生丢失不能要求旅行社承担赔偿责任。

该案可以由保险公司根据投保约定进行赔付。被告旅行社为团队旅游者办理了旅游意外保险。旅游者一旦在旅游期间发生了保险合同约定的事故，保险公司就负有向旅游者支付一定保险金的义务。至于得到多少保险金赔偿，主要看保险合同的约定。一般来讲，投保金额越高，得到的赔偿就越多。旅游意外保险是转移旅游风险的一种方式。在旅游途中，随时可能发生这样那样的意外，为了降低意外带来的损失，对旅游者来讲，投保相应保险是明智之举。

法律依据

1.《合同法》

第三百六十五条　保管合同是保管人保管寄存人交付的保管物，并返还该物的合同。

第三百六十六条　寄存人应当按照约定向保管人支付保管费。

当事人对保管费没有约定或者约定不明确，依照本法第六十一条的规定仍不能确定的，保管是无偿的。

2.《旅游法》（2013 年 10 月 1 日生效）

第八十条　旅游经营者应当就旅游活动中的下列事项，以明示的方式事先向旅游者作出说明或者警示：

（二）必要的安全防范和应急措施；

（五）可能危及旅游者人身、财产安全的其他情形。

3.《旅行社管理条例》

第二十二条　旅行社组织旅游，应当为旅游者办理旅游意外保险，并保证所提供的服务符合保障旅游者人身、财物安全的要求；对可能危及旅游人身、财物安全的事宜，应当向旅游者作出真实的说明和明确的警示，并采取防止危害发生的措施。

意外事故导致旅游者遇难，旅行社是否有责任赔？

案例回放

死者刘某某与同事一道跟重庆西南旅行社签订了旅游组团合同。旅游路线及游览点为贵州赤水、桫椤甘沟原始峡谷等。

7月29日，刘某某随旅游团一行26人由旅行社导游带领进入赤水市金沙桫椤自然保护区甘沟原始峡谷景点旅游。当日下午1时许，突降小雨，旅游团部分游客遂到该景点一凉亭避雨。这时刘某某自行下山去给因体力不支未能上山的同单位吴厂长送伞，一去不回。

次日下午2时许，当地有关部门多方寻找，在该景点高桥一潭内发现刘某某尸体。后来，刘某某的亲人获得中国人寿保险公司赔偿款61 172.50元。

2001年，刘某某母亲陈某某将重庆西南旅行社告上南岸区人民法院，要求被告赔偿其死亡补偿费、精神损失费等共计14万余元。

庭审中被告辩称，旅行社在组团旅游的过程中未违反有关政策法规，刘某某未服从旅行社的统一安排，擅自离队下山。刘系成年人，应知道山洪暴发的后果，且山洪系突然暴发，属不可抗力事件。

2001年12月21日，南岸区人民法院根据《消费者权益保护法》作出一审判决。认为被告作为旅游经营者未能为游客提供安全服务环境，应对刘的死亡承担全部的民事责任。

之后，西南旅行社不服一审判决上诉至重庆市第一中级人民法院。二审法院经审理维持原判。

请问：意外事故导致旅游者遇难旅行社是否有责任赔？

律师点评

这起案件有两个特点应该注意，其一，遇难旅游者刘某某离开团队遭遇危险；其二，离开时的天气是小雨，但是离开后遇到突发的山洪。由于没有查到原判决，我们无法确定其离开是否经过导游允许，但是这仍然不影响我们判断，不管是否经过导游允许，刘某某遇难的时候都不在旅行社的管理之下，旅行社对他的行为，他身处的位置无法得知也无法控制。因此旅行社无法对其采取任何保护措施。假设他的离开是经过导游同意的，那么旅行社导游同意他离开是否不当呢？因为离开当时是小雨，正常情况下无法预见其后会有山洪暴发。因此不能推断认为导游让其离开是疏忽大意将其置于危险之下。如果不是经过旅行社导游同意，而是刘某某擅自离开，旅行社就更无理由承担责任了。总之，刘某某的遇难主要是由于意外事件——山洪暴发引起的，当然其脱团活动也是重要原因，他很可能由于没有经验，逃避不及或者身处的位置不当，使自己遭遇危险。如果他和旅行社在一起，导游才可能采取种种措施，比如让团队离开洪水袭击危险地，或者逃向高处等等。一审、二审判决都让旅行社承担责任，实际上将旅行社变成了旅游安全的保险人，不管是什么原因导致事故，不管旅行社是否有能力，不管旅游者是否有过错，只要出现了安全事故，一律让旅行社承担责任。旅行社不可能充当旅游安全的保险人，这是由旅游合同的性质决定的，显而易见，它只是一个一般的交易合同而不是保险合同，让一方当事人承担类似保险人的责任，不仅不符合公平原则，也曲解了旅行社的安全保证责任。

法律依据

1.《旅游法》（2013 年 10 月 1 日生效）

第八十条　旅游经营者应当就旅游活动中的下列事项，以明示的方式事先向旅游者作出说明或者警示：

（一）正确使用相关设施、设备的方法；

（二）必要的安全防范和应急措施；

（三）未向旅游者开放的经营、服务场所和设施、设备；

（四）不适宜参加相关活动的群体；

（五）可能危及旅游者人身、财产安全的其他情形。

第八十一条　突发事件或者旅游安全事故发生后，旅游经营者应当立即采取必要的救助和处置措施，依法履行报告义务，并对旅游者作出妥善安排。

2.《旅行社管理条例》

第二十二条　旅行社组织旅游，应当为旅游者办理旅游意外保险，并保证所提供的服务符合保障旅游者人身、财物安全的要求；对可能危及旅游人身、财物安全的事宜，应当向旅游者作出真实的说明和明确的警示，并采取防止危害发生的措施。

3.《最高人民法院关于审理旅游纠纷案件适用法律若干问题的规定》

第二十条　旅游者在旅游行程中未经导游或者领队许可，故意脱离团队，遭受人身损害、财产损失，请求旅游经营者赔偿损失的，人民法院不予支持。

自由活动时下海游泳溺水，旅行社是否承担责任？

2002 年 6 月 7 日，周某、何某（女儿和妻子）与周某某（丈夫）随周某某单位人员一起组团参加了 HSG 旅行社组织的海南双飞 4 天旅行团。8 日下午 14 时左右，周某某一家根据合同安排，随团入住三亚 KL 酒店。根据旅行社的安排，下午为自由活动时间，周某某于下午 15 时 30 分与团友到 KL 酒店外的海滩安全浴场游泳，旅行社安排的当地导游也到了现场。由于风浪大，周某某不幸溺水，经抢救无效死亡。

原审认为，在旅游合同关系中，旅行社负有保障旅客人身安全的责任，对安全状况应给予充分的说明、提醒和劝诫、警告或事先说明。无充分证据证明旅行社曾对周某某警告和提醒，因此负有违约过错责任，对周某某的死亡应承担相应责任。被告 KL 酒店管理、使用的海滩有公共的性质，其在各出入口已设置了明确的警示标志，并根据天气预报情况插上相应的警示旗，已尽了提醒的义务，故无过错，不应承担责任。原告作为成年人，不注意被告 KL 酒店的警示，不注意自身安全，故对造成死亡的后果应承担主要责任。判决：被告旅行社赔偿给原告误工费、交通费、丧葬费、死亡赔偿金 17 万多元，女儿必需的生活费 40%，112 287.86 元。

判决后，原被告均不服，提起上诉。

二审法院查明，该海滩浴场和其他水上设施是 KL 酒店经三亚市海洋局（现名"三亚市海洋与渔业局"）批准后所设置的，根据该局的有关文件规定，浴场必须设明显标志和安全防范标志线，必须保持海滩公共开放性，不准设栏、卡阻止游人自由进出沙滩。因此被上诉人 KL 酒店设置了浴场的安全区，在通往海滩浴场的各处通道上设置了告示牌，内容分别为"沙滩设施仅限于酒店客人使用、请在指定区域游泳、无救生员请大家注意自身安全"等，还有"绿旗——风平浪静，可畅游、黄旗——海面有风浪，请小心、红旗——风浪大，勿下海"。因事发当日风大浪高，被上诉人 KL 酒店之告示牌上挂上红旗，但所有团友包括导游均称没有注意到。组团社和地接社都为周某某买了意外保险，事发后上诉人共获保险公司赔偿款 145 000 元。

二审法院认为，HSG 旅行社对旅客下海游泳没有尽到提醒义务，应当负有一定责任。周某某作为成年人，在下海时没有观察周围环境情况，没有注意自身安全，故对其死亡应承担一定的责任。KL 酒店虽已经在沙滩入口处设立了告示性标志，但因其所设的标志还不足以引起游客的注意，旅行社以及死者一方的证人证明旅客及导游均没有注意到警示标志，且 KL 酒店没有设置救生员，应承担主要的责任，HSG 旅行社上诉称周某某是出于特殊环境下潜在的疾病突然发作而死亡的证据不足，不予采信。周某某和 HSG 旅行社各承担 30% 的责任，KL 酒店应承担 40% 的责任。参照《广东省〈消费者权益保护法〉办法》和《道路交通事故处理办法》的有关规定，周某某死亡赔偿金，包括误工费、交通费、丧葬费、周某必需的生活费共计 280 719.64 元。上诉人 HSG 旅行社以丧葬费已由保险公司赔付为由，要求从上述费用中扣除该项费用依据不足，不予支持。判决撤销原判。HSG 旅行社和 KL 度假酒店分别赔偿给三上诉人 84 215.89 元和 112 287.86 元。

请问：自由活动时下海游泳溺水旅行社是否承担责任？

律师点评

本案有几个问题需要讨论：第一，包价旅游中自由活动期间旅游组织者对旅游者是否还有安全保证责任？第二，HSG 旅行社和 KL 酒店在周某某死亡事故上的责任如何分配比较合理？第三，旅游意外保险赔偿金与旅游经营者因为责任需要支付的赔偿金之间的关系如何？

旅行社组织包价旅游，自始至终对游客都有安全保证责任。当然，在旅行社安排的活动和游客自行进行的自由活动中，安全保证责任的分量和内容是不同的。安排的活动中，旅行社不仅有警示，还有照顾义务。但是在自由活动中，旅行社的这方面责任主要就集中在恰当的提醒和警示。本案所涉及的旅游是海滨旅游，游客入住了海滨饭店，不言而喻，自由活动事件游客下海游泳的可能性极大。旅行社对其中潜在的危险要有充分的注意和周到的防范警示。作为职业经营者，对此前类似情况下或者相同地点发生的事故应当了然于心，更要防患于未然，对旅游者进行足够的教育与提醒。尤其对酒店本身提供的安全警示等级的不同危险性，更应当熟悉并告知旅游者。很显然，被告旅行社没有做到这点。

一审判决认为 KL 酒店不承担责任，而二审判决对两个旅游经营者对事故应承担的责任的比例进行了重新分配。笔者认为后者更为恰当。作为位于海滨度假区酒店，拥有公共浴场，其安全警示工作非常重要。虽然它已经设置了安全警示牌，但正如二审法院认定，其所设标志还不够明显，不足以引起游客的注意，旅行社以及死者一方的证人证明旅客及导游均没有注意到警示标志，且酒店没有设置救生员。所以法院认为酒店对事故的责任略大于旅行社，不无道理。

旅行社赠送旅游者的旅游意外保险的赔付不能代替旅行社的责任。因为旅游意外保险的受益人是旅游者，其得到赔付是因为发生了符合保险合同约定的保险事故，并不是发生事故后充抵旅游经营者因责任而应承担的赔偿数额。而旅行社因为违约或者侵权造成旅游者损失，是另一个法律关系。意外保险金的赔付是旅游者应得的利益，而不是旅行社的应得利益。

法律依据

1.《旅游法》（2013 年 10 月 1 日生效）

第六十二条　订立包价旅游合同时，旅行社应当向旅游者告知下列事项：

……

（二）旅游活动中的安全注意事项；

第七十条　在旅游者自行安排活动期间，旅行社未尽到安全提示、救助义务的，应当对旅游者的人身损害、财产损失承担相应责任。

第八十条　旅游经营者应当就旅游活动中的下列事项，以明示的方式事先向旅游者作出说明或者警示：

（一）正确使用相关设施、设备的方法；

（二）必要的安全防范和应急措施；

（三）未向旅游者开放的经营、服务场所和设施、设备；

（四）不适宜参加相关活动的群体；

（五）可能危及旅游者人身、财产安全的其他情形。

2.《最高人民法院关于审理旅游纠纷案件适用法律若干问题的规定》

第十九条　旅游者在自行安排活动期间遭受人身损害、财产损失，旅游经营者未尽到必要的提示义务、救助义务，旅游者请求旅游经营者承担相应责任的，人民法院应予支持。

前款规定的自行安排活动期间，包括旅游经营者安排的在旅游行程中独立的自由活动期间、旅游者不参加旅游行程的活动期间以及旅游者经导游或者领队同意暂时离队的个人活动期间等。

3.《侵权责任法》

第三十七条 宾馆、商场、银行、车站、娱乐场所等公共场所的管理人或者群众性活动的组织者，未尽到安全保障义务，造成他人损害的，应当承担侵权责任。

4.《旅行社管理条例》

第二十二条 旅行社组织旅游，应当为旅游者办理旅游意外保险，并保证所提供的服务符合保障旅游者人身、财物安全的要求；对可能危及旅游人身、财物安全的事宜，应当向旅游者作出真实的说明和明确的警示，并采取防止危害发生的措施。

5.《保险法》

第二十四条 保险人收到被保险人或者受益人的赔偿或者给付保险金的请求后，应当及时作出核定，并将核定结果通知被保险人或者受益人；对属于保险责任的，在与被保险人或者受益人达成有关赔偿或者给付保险金额的协议后十日内，履行赔偿或者给付保险金义务。保险合同对保险金额及赔偿或者给付期限有约定的，保险人应当依照保险合同的约定，履行赔偿或者给付保险金义务。

旅行社可否因旅游者违约而扣留出国押金?

案例回放

原告 KG 公司诉称,2003 年 12 月 1 日,我公司与 H 国际旅行社下属的中国公民旅游部签订了《出国旅游合同书》,约定:H 国际旅行社为我公司提供赴澳、港 8 晚 9 日全程旅游服务,出国前付清总团款的 80%,如无质量问题,余款在回国后的 7 个工作日内付清。出发前,我公司共支付了 56 万余元。此外,H 国际旅行社提出,为保证我公司人员能够全部回国,我公司应交纳 60 万元出国押金,该款于全部人员回国后 3 个工作日内归还。我公司遂交纳了该笔款项。但在澳大利亚旅行期间,H 国际旅行社未按照双方的约定提供免费的龙虾餐,并无故取消了乘车前往堪培拉的行程,后我公司出国人员全部回国,但 H 国际旅行社仅分两次返还出国押金 50 万元,尚余 10 万元至今未还,多次催要未果,故我公司诉至法院,要求判令 H 国际旅行社返还 10 万元出国押金,并支付相应利息(按欠款额的每日万分之二点一计算,自 2004 年 1 月 28 日起算),承担本案诉讼费用。

被告 H 国际旅行社辩称,1、我社与 KG 公司签订合同书的附件注明"以最终出团行程为准"。取消堪培拉行程是应 KG 公司的要求所为,且该公司临时增加悉尼行程,给我旅行社造成住宿费差价损失 7072 元人民币;2、因当时澳大利亚正在流行禽流感,我社出于对 KG 公司人员健康安全的考虑而取消了龙虾餐;3、由于对香港机票价格及香港游客地接费的重大误解,我社为此多支付了相关费用(香港客人每人的地接费高于大陆客人 50 澳币），此款应当是 KG 公司取得的不当得利；4、KG 公司存在违反合同规定日期取消 2 人行程及换发新护照、资料不齐等情形，亦给我社造成了损失，其对此应当承担相应的违约责任。综上所述，KG 公司应付团款共计 624 616 元，而其只付了562 590 元，尚欠 62 026 元，其另应支付违约金 39 360 元，共计应付我方费用为 101 386 元，我社通知 KG 公司上述欠款与我社应退回的 10 万元质保金相抵，故不同意其诉讼请求。

法院经审理认为，H 国际旅行社所属中国公民旅游部虽系该旅行社的内部职能部门，不具有独立民事主体资格，但中国公民旅游部与 KG 公司签订出国旅游合同的行为系在 H 国际旅行社的授权范围之内，H 国际旅行社对此予以认可，并对其行为后果承担相应法律责任，故出国旅游合同的内容不违反国家法律和行政法规的强制性规定，应属有效，双方当事人均应当依约履行各自义务。

双方当事人在签订旅游合同的同时，亦约定由 KG 公司另行向 H 国际旅行社支付 60 万元出国押金，作为该公司出国旅游人员按时回国、不滞留国外的担保。出游人员按时回国后 3 个工作日内押金应予以返还。该条款应视为独立于旅游合同其他条款之外双方当事人就出国押金的交纳所形成的特殊约定，双方当事人除将该押金作为出游人员按时回国的保证外，并未就退还该保证金约定其他限制性条件，故出国押金的性质与 H 国际旅行社主张的违约金的性质不相同，且 H 国际旅行社未能在诉讼中提交相关证据，证明在合同履行过程中，双方当事人就出国押金是否与违约金相互折抵等事项达成补充约定，故 H 国际旅行社不能将保证金与违约金自行抵消。在 KG 公司出国旅游人员均全部按时回国后，H 国际旅行社应当依约及时退回出国押金。其未在双方约定的期限内全额退回出国押金，对给 KG 公司造成的利息损失应当承担赔偿责任。诉讼中，H 国际旅行社称 KG 公司在履行合同过程中存在违约行为，给其造成了损失，但未就此提出反诉，其称出国押金应与违约金折抵的抗辩理由无事实及法律依据，本院不予支持，其可以通过其他途径另行解决。但 KG 公司主张逾期付款利息的起算时间和计算方法无事实和法律依据，法院将按照中国人民银行同期活期存款利率计算利息损失，自双方约定的出游人员回国后 3 个工作日的次日起算。

法院判决：一、被告 H 国际旅行社退还原告 KG 公司出国押金 10 万元，并赔偿逾期付款利息损失，均于本判决生效后 10 日内付清；二、驳回原告 KG 公司其他诉讼请求。案件受理费 3510 元（原告已预交），由被告 H 国际旅行社负担。

请问：旅行社可否因旅游者违约而扣留出国押金？

律师点评

本案原告请求返还出国押金，而被告提出原告履行合同中诸多违约行为作为抗辩，认为自己有理由扣留其出国押金冲抵欠款弥补对方违约行为造成的损失。出国押金和违约金是否可以相互冲抵？

出国押金作为一种特殊用途的抵押金，用以保证出国旅游的旅游者按时返回，防止滞留不归。合同约定旅游者如期回国后三日内返还。案件的证据显示，双方并未就保证金可以折抵违约行为造成的损失进行专门约定，因此 H 旅行社不能违反合同约定，在对方旅游者按时回国三日之后，仍然扣留保证金不予返还。本来旅行社可以对对方的违约行为提起反诉，而且从现有的证据来看，有胜算的把握。但是不知为何没有行使这个诉讼权利？当然，旅行社也可以就这些违约行为造成的损失另案提起请求。

法律依据

《合同法》

第一百零七条 当事人一方不履行合同义务或者履行合同义务不符合约定的，应当承担继续履行、采取补救措施或者赔偿损失等违约责任。

第一百一十四条 当事人可以约定一方违约时应当根据违约情况向对方支付一定数额的违约金，也可以约定因违约产生的损失赔偿额的计算方法。

约定的违约金低于造成的损失的，当事人可以请求人民法院或者仲裁机构予以增加；约定的违约金过分高于造成的损失的，当事人可以请求人民法院或者仲裁机构予以适当减少。

当事人就迟延履行约定违约金的，违约方支付违约金后，还应当履行债务。

自助旅游组织者应担当哪些责任？

案例回放

郝某某在 LY 公司经营的网站上发布一日游活动计划。该活动的发起人为郝某某、张某。报名须知注明："服从领队管理和安排（特别是领队有权决定撤下某人，没有商量余地）；主要依据报名系统里的报名先后顺序和户外履历来选择队员"等。该计划另附免责声明，内容如下："本次活动为非营利自助活动。户外活动有一定的危险性和不可预知性。参加者对自己的行为及后果负完全责任。领队除接受大家监督、有责任控制费用和公开账目外，不对任何由户外运动本身具有的风险以及往返路途中发生的危险所产生的后果负责。凡参加者均视为具有完全民事行为能力人。如在活动中发生人身损害后果，赔偿责任领队不承担。由受损害人依据法律规定和本声明解决。"3月7日，孙某某以网名"夏子"报名，并被确认为成员之一。

3月10日，活动按计划举行。下午16时许，因其中一名组员出现体力不支，全队行进速度减缓，造成未按原计划抵达目的地。当晚22时30分，孙某某突然出现虚脱症状，倒地无法行走。经法医确定，被鉴定人孙某某符合由于寒冷环境引起体温过低，全身新陈代谢和生命机能抑制造成死亡。孙某某的父母事后认为，郝某某和张某发起并组织此次户外活动，制定出行计划、路线，挑选队员并安排活动，其组织行为导致孙某某死亡的损害后果，具有侵权的主观过错。LY公司为追求商业利益，盲目鼓励存在风险及安全隐患的活动，亦具有明显的主观过错。现起诉要求郝某某、张某、LY公司连带赔偿死亡赔偿金、丧葬费、公证费、误工费、交通费、精神损害抚慰金，并承担诉讼费用。

法院认为，本案中，孙某某在攀登灵山的过程中死亡，事发地点属对公众开放的自然风景区，郝某某和张某虽制定了出行线路，但二人显然均不具备对环境的控制能力和管理责任。此外，现有证据均不能证明郝某某和张某组织此次活动是以盈利为目的，孙某某至事发时止尚未实际交纳费用，因此二人亦不应对产品或服务承担保障人身、财产安全义务的经营者义务。郝某某、张某另在免责声明中对领队的权利、义务做出说明，强调领队除接受大家监督、有责任控制费用和公开账目外，不对任何由户外运动本身具有的风险承担责任。因此报名须知中强调的服从领队的管理和安排，无法体现活动的发起人已对安全保障义务做出了合同承诺。因此，本院将根据二人在活动中的行为是否具有违法性及是否存在主观过错等判断其是否应承担侵权责任。

郝某某、张某所计划的出行地点属开放性风景区，对旅游者并无限制条件或禁入情形，故活动地点选择并无不当；现有证据不能表明孙某某在活动早期已出现体力不支症状，当晚22时30分出现特殊情况后，郝某某拨打电话报警，参加活动人员为其采取了"心肺复苏"等措施，履行了必要的救助义务。特别需要指出的是，自助游与其他商业活动的本质区别在于赋予了参加者更大的主动性，每一名成员均可以自由地表达主观意愿。领队在承担制定出行线路、经费管理、协商成员意见等额外责任后，更重要的是其本身也是参与者之一。参加活动对于本案中的领队而言也是享受户外活动所带来的乐趣，而没有从中收获额外利益。因此，虽然事后表明此次活动计划不够完善、对活动中可能出现的困难缺乏预案，但郝某某、张某发起活动本身尚不具备违法性，对造成孙某某的死亡无主观过错。

郝某某、张某二人虽然对活动时间、计划路线及成员的选择具有决定权，但根据LY公司网站性质、设定的报名条件及免责声明，浏览者应可识别该活动属户外运动爱好者的自助出行活动，组织者并非户外运动的专业人员。民事活动遵循平等、自愿的原则，孙某某作为对其行为具有完全认知能力的民事主体，其完全可以根据免责声明中的风险提示及对户外登山活动的认识做出判断。根据自身体质、经验和身体状况对活动的种类、线路、强度加以选择，并在活动过程中，依实际情况和个人感受采取退出或求助的防范措施。孙某某父母以郝某某、张某违反安全保障义务为由，要求其承担侵权责任的诉讼请求，缺乏事实及法律依据，不予支持。

LY 公司作为活动计划发布网站的经营者，没有证据显示 LY 公司与领队之间存在雇佣关系或直接从活动本身获取经济利益，作为公共论坛的管理者，原告要求 LY 公司对网络用户组织的户外活动承担赔偿责任的诉讼请求，亦缺乏事实和法律依据，不予支持。判决驳回孙某某父母全部诉讼请求并承担诉讼费用。

请问：自助旅游组织者应担当哪些责任？

律师点评

本案的旅游者是通过互联网络信息平台召集起来的，这种旅游形式在今天越来越普及。发起人在网络上留言，公布旅游线路、方式、要求、召集愿意参加者。一般来讲，这种旅游活动是非营利性的，有些事先收取少量费用，最后根据实际花费多退少补；有些是事后结算。案件事实表明，本案至事故发生时尚未收取任何费用，并且此前也声明了此次活动以实际花费收取费用。因此可以肯定，该案组织者是非营利性的。而旅游合同是经营者收取费用后提供约定服务，并且承担旅游合同的法定义务。自发组织的非营利性旅游活动，参加者之间没有旅游合同关系，而且在报名时，免责声明也强调，领队除接受大家监督、有责任控制费用外，不对任何户外运动产生的风险承担责任。所以队员之间的约定没有显示郝某某、张某对安全保障义务做出了任何承诺。从合同的角度看，二人并没有违背自己的义务。

判决又从侵权行为方面分析了被告是否有过错。死者死于寒冷环境引起的体温过低，全身新陈代谢和生命机能抑制。在她出现昏迷后，郝某某、张某也组织大家对她积极施救，没有放手不管，履行了必要的救助义务，没有过错可言。

法律依据

1. 《侵权责任法》

第六条 行为人因过错侵害他人民事权益，应当承担侵权责任。

第三十六条 网络用户、网络服务提供者利用网络侵害他人民事权益的，应当承担侵权责任。

网络用户利用网络服务实施侵权行为的，被侵权人有权通知网络服务提供者采取删除、屏蔽、断开链接等必要措施。网络服务提供者接到通知后未及时采取必要措施的，对损害的扩大部分与该网络用户承担连带责任。

网络服务提供者知道网络用户利用其网络服务侵害他人民事权益，未采取必要措施的，与该网络用户承担连带责任。

航班延误，旅行社是否担责？

案例回放

某省直机关的张先生反映：一个多月前他与石家庄某国际旅行社签约到海南旅游，本来按照合同规定是"双飞5日游"，但是临行前8小时却被告知，飞机晚点15个小时，这样一来"5日游"变成了"4日游"，行程严重缩水，而且返回时飞机又晚点28个小时。临行前和回来后的一个多月时间里，他多次向旅行社索赔，但旅行社一直认为行程缩水是航空公司造成的，属于"不可抗拒的因素"，因此他们不承担责任，不属于赔偿范围。

请问：航班延误，旅行社是否担责？

律师点评

"不可抗拒的因素"包括三个要件：一是不可避免；二是不可预见；三是不可克服。而航班延误是否可以算不可抗力？由于不可抗力属于法律规定的免责情形，为了维护合同的严肃性，司法审判中对此一般予以从严掌握。航班延误也不可一概而论。如果是由于天气等自然原因引起的延误，当然应该算作不可抗力。但是如果纯粹是航班调配不当，则不能构成不可抗力。

处理这类纠纷，如果把它直接当成航空运送合同纠纷，是因为旅游者持有航空公司客票，可以认为旅游者和航空公司之间成立了航空运输合同，由旅游者直接向航空公司追诉，是否构成不可抗力由航空公司进行举证，省去了旅游营业人的举证麻烦和诉讼风险。对于旅游营业人来讲，当然愿意。但是，旅游者多半不会选择这样做。首先是因为航空公司和航班的选择都是由旅游营业人做出，旅游者并没有自行与航空公司签订合同，对旅游营业人的选择既无法改变也无法拒绝。其二，即使旅游者持有航空公司的机票，理论上说向航空公司索赔没有障碍，但是航空公司通常不在旅游者居住地，旅游者与其交涉非常麻烦；另外一个重要原因就是，按照航空公司对航班延误的补偿规定，旅游者向其索赔所能够得到的补偿非常有限。而旅游具有非常强的时间性，延误必然会对预期的旅游带来不利影响，严重的甚至致其主要目的不达。鉴于以上诸多原因，旅游者通常将矛头指向旅游营业人。

从旅游合同的角度看，旅游营业人应该为其产品中的服务提供人的过失或故意承担责任。但是，公认的原理是，旅游营业人承担责任的范围和赔偿的数额都不应该超过其给付提供人按照相关法律应该承担的程度。相对于旅游营业人，航空公司通常处于绝对优势的垄断地位，尤其在市场经济不发达的目的地，旅游营业人对提供航空运送服务的航空公司常常根本无法选择，因此许多国家的法律大都允许旅游营业人在这种情况下限制风险，首先确认这个原则的是被奉为旅游合同法律原则最早框架的 1970 年的《布鲁塞尔旅行契约国际公约》，该公约第 15 条规定：旅游营业人委托第三人提供运输、膳宿或者其他与实现旅行或短期逗留有关的服务，由于全部或部分未能履行义务对旅游者造成的损害，如果能够证明其在选任给付提供人的时候已经尽到勤勉的旅游组织者的注意义务时，可以免除责任。在进行赔偿时，如果相关的服务没有赔偿限额规定，旅游营业人受到公约规定的赔偿限额的保护。也就是说，如果航空公司有赔偿限额规定，旅游营业人承担的责任，不会高于这个限额，否则就按照公约规定的限额予以赔偿。公约确立的这个原则相对公平地让旅游营业人承担可能承担的责任，因此为许多国家的立法借鉴。例如《德国民法典》第 651 条：允许旅游营业人通过合同条款限制自己单纯因为给付提供人过失引起的责任为旅游费用的 3 倍。

旅游合同因航空公司的误点造成违约如何赔偿以及航空公司在旅游合同中如何承担责任在我国现有的法律中没有明确规定。司法实践中的判例绝大多数都是让旅行社承担航班变化造成的违约责任。赔偿数额没有一定限制，由法官自由裁量，因其结果没有预见性，旅行社在这方面面临的法律风险大大增加。当然，笔者认为，在旅游合同中，航空公司是旅游服务中航空运送服务的提供人，在法律上又称为给付提供人。为了保护消费者，也为了加强旅游营业人对给付提供人的选任责任，让旅游营业人为其航空服务的给付提供人航空公司承担责任，在法理上是成立的。但是，应该遵循两个原则：其一，旅游营业人承担的责任不应该超过航空公司的责任；其二，如果旅游营业人在合同中明确约定航空延误减免责任的办法，应当肯定这方面格式条款的效力。

由于旅游服务具有很强的时间性，飞机延误最易引起旅游者不满。我国目前由于飞机晚点、航班取消引发的旅游纠纷有明显上升的趋势，部分消费者甚至采取极端做法，拒绝登机，拒绝回国等，不仅影响不良，而且对双方的利益都必然造成严重损害。对此，笔者主张强调双方互负的义务，旅游者在旅游合同中有协力义务，不得人为扩大违约事件的损害。当然在飞机晚点的情况下，旅游营业人仍然要尽到自己的组织义务，妥善安排安抚游客，积极与航空公司沟通，获得准确信息，争取旅游者最大限度知情，以稳定其情绪。对因延误影响的行程，灵活处理，积极调配，力保约定的线路、景点少发生变化，把损失降到最低限度。行程缩短后节省的费用应当退还旅游者。如果旅游者已经得到航空公司的赔偿，旅游营业人对旅游者的赔偿就应该从实际损失中减去该部分。

法律依据

1.《最高人民法院关于审理旅游纠纷案件适用法律若干问题的规定》

第十八条 因飞机、火车、班轮、城际客运班车等公共客运交通工具延误，导致合同不能按照约定履行，旅游者请求旅游经营者退还未实际发生的费用的，人民法院应予支持。合同另有约定的除外。

2.《合同法》

第一百零七条 当事人一方不履行合同义务或者履行合同义务不符合约定的，应当承担继续履行、采取补救措施或者赔偿损失等违约责任。

300元游港澳，要进11个购物店怎么办？

案例回放

石家庄旅游市场上，近期出现了不少300元游港澳的超低价宣传语，极具吸引力，不少市民跃跃欲试，准备花上300元钱去香港、澳门旅游一番。那么，仅花300元真的能到港澳畅快旅游么？

这些超低价港澳游线路基本上都是火车团队，对外宣传价格仅仅300元，有的甚至低至280元。通过调查发现，要参加这种超低价港澳游实际花销并非300元就能打住。

以某条标价300元的广深珠港澳火车6日游线路为例，其300元报价包括：三星级（或同级标准间住宿），往返火车票及订票费以及行程表中所列的餐、当地司陪小费、当地自费项目、行程中景点门票、旅行社责任险等等。也许有人会说，这包含的已经够多了，300元不是很便宜么？

其实，最关键的部分在后面的特别提示：行程当中要进当地旅游局批准的合法购物店，其中香港5个左右、澳门3个、珠海3个，一共11个购物店。而且合同中明确要求，每个购物店须停留60～90分钟，请游客配合时间。

按照该线路行程，旅行团在香港和澳门共停留3天，以每个购物店停留60分钟计算，游客就要花费8个小时近一天时间在购物。一旦进入了购物店，当地导游会想尽一切办法让游客购买商品，如果游客硬是"不买账"，难免会出现脸难看、话难听等问题，这一路购物店下来，游客基本上要花上千元。

旅游向来讲究一分价钱一分货，超低价港澳游除了需要频繁进出购物店购物外，住宿酒店、餐饮标准、游玩景点都会和正常团队有很大差距。以 2600 元左右港澳直飞 5 日游为例，行程中除了包含海洋公园、迪士尼乐园、维多利亚港、大三巴牌坊等著名景点外，全程入住四星或以上酒店，吃的是广东风味餐，全程只有 3 家购物店，且无强制消费。

请问：300 元游港澳遇陷阱，要进 11 个购物店怎么办？

律师点评

"二三百元游港澳，不是'馅饼'是陷阱！"律师表示，这些超低价港澳游是典型的"零、负团费"线路，当地地接社以"零团费"或"负团费"的价格接收内地旅游团，这些无利润或负利润的团队要想变成正利润，当然只能从游客身上来找齐。"零团费"、"负团费"的价格明显低于成本价，其结果必然是以降低旅游质量和吃、住标准，缩短旅游行程，增加购物时间和次数，增加自费项目来弥补。

律师提醒说：构成旅游价格不同的因素很多，交通工具、住宿饭店等级、餐饮标准、导游等级、行程路线的不同，都会影响旅游价格，市民千万不要以价格高低作为选择旅行社和旅游线路的首要条件。要跳出只求价格低、不顾品质的误区，从多角度来衡量旅游行程的优劣，参加高质量旅游团，享受品质旅游。

法律依据

1.《旅游法》（2013 年 10 月 1 日生效）

第三十五条　旅行社不得以不合理的低价组织旅游活动，

诱骗旅游者，并通过安排购物或者另行付费旅游项目获取回扣等不正当利益。

旅行社组织、接待旅游者，不得指定具体购物场所，不得安排另行付费旅游项目。但是，经双方协商一致或者旅游者要求，且不影响其他旅游者行程安排的除外。

发生违反前两款规定情形的，旅游者有权在旅游行程结束后三十日内，要求旅行社为其办理退货并先行垫付退货货款，或者退还另行付费旅游项目的费用。

2.《旅行社条例》

第二十七条 旅行社不得以低于旅游成本的报价招徕旅游者。未经旅游者同意，旅行社不得在旅游合同约定之外提供其他有偿服务。

第三十三条 旅行社及其委派的导游人员和领队人员不得有下列行为：

（一）拒绝履行旅游合同约定的义务；

（二）非因不可抗力改变旅游合同安排的行程；

（三）欺骗、胁迫旅游者购物或者参加需要另行付费的游览项目。

酒店客房可点播淫秽影视，酒店做法合法吗？

案例回放

张先生来到公安局报案，说自己在某酒店住宿时，发现电视点播系统内播放大量的色情影视。据张先生讲，某年12月24日，张某与女友过完圣诞之后，到银泰酒店开了一个房间住下。两人打开电视机，屏幕上显示出"尊敬的张先生：热诚欢迎你下榻本酒店，由本酒店提供的 VOD 点播系统节目丰富精彩，将为你增添无尽的生活乐趣。本系统进入节目点播起计费（包天20元）"的字样。张先生遂按下遥控器，进入影视频道。在"最新推荐"的频道里，总共有35页之多的电影，片名中充满了下流而挑逗的字眼。张某试着点播了一部，发现确实是淫秽电影。

第二天一大早，张某就与女友一起向警方报案，警方立即将酒店老板抓获。经鉴定，该酒店涉案影视段落中，有41个被定性为淫秽，总计点击数高达8113次。

据吴某交代，曾经一度红火的酒店生意慢慢地冷清了起来。眼看着酒店没有什么利润了，让他很着急，为此，也想了不少办法。

后来，在别人的介绍下，他觉得引进 VOD 视频点播系统，向房客提供可供选择的个性化影视节目，应该能够提高酒店客房的入住率。于是，在通过合法渠道与电信局办妥相关手续后，吴某在南京的一个器材供应商的协助下，为自己经营的大酒店100多个客房的电视机装上了机顶盒，接通了视频点播系统。房客只需轻轻按几下遥控器，就可以欣赏电信局筛选后存储在其服务器上的影视作品了。

一切准备就绪，吴某正为自己可以大赚一笔而兴奋的时候，酒店经营的数据统计却让他心凉了：高价安装的 VOD 视频点播系统，非但没有给他带来客人，反倒因为需要经常维护，而给酒店增添了一项成本。

吴某为此烦恼不已。在身边的人怂恿之下，一个邪念在他脑子里产生了。他马上联系负责系统安装的南京某公司，要求对方提供技术上的支持，使酒店的系统不仅能接通电信局提供的服务器，还要能连接上他自己安装的服务器——原来，吴某觉得电信局提供的片子不够"刺激",无法吸引客人,他要用自己"独特"的片源招揽客人。

在解决了技术问题之后,吴某指派手下的两名员工曹某、程某去互联网上寻找色情电影,转换格式后上传到吴某的服务器上,如此一来,酒店各个客房均可点播这些淫秽影视了。在启用了这一套"秘密武器"之后,酒店客房入住率一直稳定在90%左右,吴某很兴奋,但他已经涉嫌传播淫秽物品罪。

请问:酒店客房提供点播淫秽影视,酒店做法合法吗?

律师点评

案例中酒店的行为构成传播淫秽物品牟利罪。

制作、复制、出版、贩卖、传播淫秽物品牟利罪是指以牟利为目的,制作、复制、出版、贩卖、传播淫秽物品的行为。淫秽物品,根据《刑法》第367条的规定,是指具体描绘性行为或者露骨宣扬色情的诲淫性的书刊、影片、录像带、录音带、图片及其他淫秽物品。有关人体生理、医学知识的科学著作不是淫秽物品。包含有色情内容的有艺术价值的文学、艺术作品不视为淫秽物品。本罪侵犯的客体为国家对文化出版物品的管理秩序和社会的善良风俗。客观方面表现为通过播放、陈列、在互联网上建立淫秽网站、网页等方式使淫秽物品让不特定或者多数人感知以及通过出借、赠送等方式散布、流传淫秽物品的行为。主观方面为直接故意,同时具有牟利的目的。本案中,吴某接通服务器,供酒店客人淫秽物品的行为,本身是为了招徕酒店的生意,所以主观上具有牟利的性质。这也正是本罪与传播淫秽物品罪之间的区别,即传播淫秽物品罪在主观上没有以牟利为目的。而本罪必须以牟利为目的。前罪作为一个新罪名而独立存在,其实际意义在于弥补后一罪在主观上限制过于严格的不足。

根据相关规定，以牟利为目的，制作、复制、出版、贩卖、传播淫秽物品，向他人传播淫秽物品达 200～500 人次以上，或者组织播放淫秽影、像达 10～20 场次以上的，应予立案追诉。吴某的行为已经达到这个标准，应该立案追诉。

法律依据

1. 《刑法》

第三百六十三条　【制作、复制、出版、贩卖、传播淫秽物品牟利罪；为他人提供书号出版淫秽书刊罪】以牟利为目的，制作、复制、出版、贩卖、传播淫秽物品的，处三年以下有期徒刑、拘役或者管制，并处罚金；情节严重的，处三年以上十年以下有期徒刑，并处罚金；情节特别严重的，处十年以上有期徒刑或者无期徒刑，并处罚金或者没收财产。

2. 最高人民法院《关于审理非法出版物刑事案件具体应用法律若干问题的解释》

第八条第一款　以牟利为目的，实施《刑法》第 363 条第 1 款规定的行为，具有下列情形之一的，以制作、复制、出版、贩卖、传播淫秽物品牟利罪定罪处罚：（1）制作、复制、出版淫秽影碟、软件、录像带五十至一百张（盒）以上，淫秽音碟、录音带一百至二百张（盒）以上，淫秽扑克、书刊、画册一百至二百副（册）以上，淫秽照片、画片五百至一千张以上的；（2）贩卖淫秽影碟、软件、录像带一百至二百张（盒）以上，淫秽音碟、录音带二百至四百张（盒）以上，淫秽音碟、录音带二百至四百张（盒）以上，淫秽扑克、书刊、画册二百至四百副（册）以上，淫秽照片、画片一千至二千张以上的；（3）向他人传播淫秽物品达二百至五百人次以上，或者组织播放淫秽影、像达十至二十场次以上的；（4）制作、复制、出版、贩卖、传播淫秽物品，获利五千至一万元以上的。

酒店订婚宴遭遇霸王条款怎么办？

案例回放

在稍微上档次的酒店订婚宴，酒店就会强制让消费者选择酒店指定的婚庆公司，如果消费者自己选择婚庆公司，酒店将向订餐者收取一笔数额不小的"进场费"。这已成为酒店业和婚庆行业的一种潜规则。

"上周我走了不少酒店，结果发现很多酒店办婚宴，都得由酒店指定婚庆公司，这是什么道理？我订的是婚宴，凭啥连婚庆公司也要他们做主？"准备为孩子订婚宴的张先生气愤地说，现在不少酒店都立了这么个规矩，婚宴和婚庆公司必须捆绑着来。

刚结完婚的徐小姐说："我一年前就订好酒店，并交了定金，还有半个月就到正日子，我去酒店签合同，这时酒店说不让自带婚庆，要么用酒店指定的婚庆，要么就交2000元的场地租用费，才可自带婚庆。在这期间我们已订好婚庆，但又不能改酒店，只得额外交钱。"

"包酒店的婚庆在价格上，肯定要比外面的贵，同样的东西他们要2万多，我们这也就5000元左右。他们的价格高是因为每场婚礼都要给酒店一定的包场费，这个钱都要客户买单，羊毛出在羊身上，这已经是咱们行业内的规矩了。"刘小姐还透露说。

请问：酒店订婚宴遭遇霸王条款怎么办？

律师点评

酒店的行为是剥夺消费者选择权。

婚庆公司包酒店的行为，扰乱了正常的市场秩序，庆典公司之间无法合理竞争。而额外收取消费者租场费，增加了消费者的经济负担。考虑到多出的支出，一些消费者无奈选择酒店指定的庆典公司，这种做法有强制消费的嫌疑。结婚庆典是一种服务，消费者有自主选择的权利，酒店给消费者指定婚庆公司，就剥夺了消费者的选择权。

法律依据

《消费者权益保护法》

第九条 消费者享有自主选择商品或者服务的权利。

消费者有权自主选择提供商品或者服务的经营者，自主选择商品品种或者服务方式，自主决定购买或者不购买任何一种商品、接受或者不接受任何一项服务。

消费者在自主选择商品或者服务时，有权进行比较、鉴别和挑选。

准星级是啥级？酒店自定忽悠标准怎么办？

案例回放

李女士说，上月参加了到海南的旅行团。合同上写着"安排挂四星或同级酒店"。旅行社工作人员告诉她，同级酒店就是准四星级酒店，是与挂牌四星级酒店条件差不多的，但每晚可省 20 元。

没想到到了酒店后，条件很不理想，房间有霉味，卫生间马桶还坏了。导游一直劝说，这的确是准四星级酒店。

记者询问 3 月份到海南旅行团的情况。工作人员告诉记者，有品质团，价格在 2000 多元，住挂牌四星级酒店。见记者迟疑，她又推荐道：也有便宜点的团，住"准四星级酒店"，和四星级酒店条件几乎一样的，费用可少 100 元。记者问："好像没有'准星级酒店'的提法?"工作人员回答："现在都这样提的，有的酒店条件其实很好，只是还没有评星级，价格可以便宜点。"记者随后又咨询了多家旅行社，均提到了"同级酒店"和"准×星级酒店"。

请问：准星级是啥级? 酒店自定忽悠标准怎么办?

律师点评

目前我国没有"准星级"的提法，遇此可投诉。

对于"准×星级酒店"，国家既无此提法更无评定标准，是旅行社自行提出的模棱两可的不规范提法。经济型酒店目前都没有评定星级。虚假用语、模糊用语一直是旅游执法查处的对象，如果遇到此类情况可以向旅游执法大队投诉。

法律依据

1. 《旅游法》（2013 年 10 月 1 日生效）

第三十二条 旅行社为招徕、组织旅游者发布信息，必须真实、准确，不得进行虚假宣传，误导旅游者。

2. 《旅行社管理条例》

第二十一条 旅行社应当维护旅游者的合法权益。旅行社向旅游者提供的旅游服务信息必须真实可靠，不得作虚假宣传。

　　第二十九条　旅行社应当按受旅游行政管理部门对其服务质量、旅游安全、对外报价、财务账目、外汇收支等经营情况的监督检查。旅游行政管理部门工作人员执行监督职责时，应当出示证件。

　　3.《旅行社条例》

　　第四十三条　旅行社损害旅游者合法权益的，旅游者可以向旅游行政管理部门、工商行政管理部门、价格主管部门、商务主管部门或者外汇管理部门投诉，接到投诉的部门应当按照其职责权限及时调查处理，并将调查处理的有关情况告知旅游者。

住酒店丢失钱包责任谁负？要等警方来定吗？

案例回放

　　李女士是江苏人，2月份来到银川找工作，于2月14日和好友小王入住某大酒店。李女士告诉记者，她入住时被安排在520房间，2月23日，酒店服务员称要清理5楼的地毯，便将她们调到了303房间。25日中午11时，李女士和小王出门时无意发现，房门锁上后不用房卡也能推开。于是，向酒店服务员反映了情况，并要求修理。"我们就到旁边的理发店收拾头发，所以没拿包，给服务员说了一声。"李女士说："回来后，发现放在包里的钱包没有了。"李女士称，其钱包里有500元现金及身份证、银行卡等物。最要紧的是，她的身份证和银行卡都是外地的，补办起来很麻烦。

　　为查清真相，酒店总经理调出了楼道的监控录像。在回放的录像中看到，当日中午 11：02，李女士和小王离开房间。11：20，3 名男子推门进入 303 房间，约 5 分钟后离开。11：40，两名酒店工作人员前来修理门锁，修完后直接离开。此外，没有任何人靠近 303 房间。而进入李女士房间的 3 名男子，是与李女士常在一起的朋友。

李女士说："我发现门锁有问题，告知了服务员，她们没有看好门，也没及时修理，是酒店管理中的疏漏。钱包丢了，理应酒店负责。"经理说："3 名男子均是李女士的朋友，他们经常出入李女士的房间，酒店也不方便干涉。另外，《酒店入住指南》上明确提示：顾客要保管好自己的贵重物品，或出门时将贵重物品寄存在服务台。客人既然知道门锁有问题，更应该随身携带贵重物品。酒店没能及时修理门锁存在失误，但监控录像上可以看出，没有陌生人进入房间。李女士钱包丢失主要还是防范意识不强。"

请问：住酒店丢失钱包责任谁负？要等警方来定吗？酒店无责吗？

律师点评

本案中，三名男子、李女士和小王以及酒店都有过错，根据《侵权责任法》的规定，三方应根据过错程度承担侵权责任。

根据《侵权责任法》第 28 条和第 37 条的规定，李女士和小王的财产是潜进屋内的三名男子造成的，应当由他们承担侵权责任。同时，宾馆、商场、银行、车站、娱乐场所等公共场所的管理人或者群众性活动的组织者，未尽到安全保障义务，造成他人损害的，应当承担侵权责任。宾馆的房门出现问题，在客人告知以后，宾馆方面没有看好门，也没及时修理，是酒店管理中的疏漏，因此，酒店未尽到安全保证义务，应当承担相应的补充责任。另外，李女士和小王离开酒店的时候，明知房门未锁，却将贵重物品置于房内，自身存在过错，应当承担与过错相应的责任。

法律依据

《侵权责任法》

第六条　行为人因过错侵害他人民事权益，应当承担侵权责任。

第二十六条　被侵权人对损害的发生也有过错的，可以减轻侵权人的责任。

第二十八条　损害是因第三人造成的，第三人应当承担侵权责任。

第三十七条　宾馆、商场、银行、车站、娱乐场所等公共场所的管理人或者群众性活动的组织者，未尽到安全保障义务，造成他人损害的，应当承担侵权责任。

因第三人的行为造成他人损害的，由第三人承担侵权责任；管理人或者组织者未尽到安全保障义务的，承担相应的补充责任。

"保健免费旅游"是馅饼还是陷阱？

案例回放

清明节前夕，位于济南市历城区仲宫镇的一家保健品公司，组织了一批济南老年人去该公司参观，同时称还能免费游玩，吸引了不少老年人参与。据参与活动的游客透露，去了之后被领着参观公司、接受公司关于保健品知识的讲解，有的游客还被劝说购买保健品，并没有体验到多少"旅游"的感觉。

该公司工作人员称，组织老年人参观公司并顺便游览南部山区，是公司常规的宣传推介项目，包括车费餐费在内的全部费用由公司承担，济南市区已不定期组织过多次。"活动过程中我们也会向顾客推介螺旋藻产品，平时若按照月食用量购买的话要400多元，在现场购买的话只需300多元就可以。"工作人员说。

针对"免费旅游"渐成"陷阱"的质疑，这家公司专门负责组织济南地区免费游的李先生称，公司主要通过在社区发放宣传资料、组织宣讲活动，顾客了解之后电话预约报名。"我们都跟顾客事先讲清楚，活动以参观企业为主，顺便到各处旅游，自愿报名参加，已经不定期组织了很多次，最近一次是4月2日，多的时候每次有六七十人，少则三四十人。游客是否购买产品也全凭自愿，但真正现场购买的人数极少。我们主要利用这种活动提高宣传力度和产品影响力。"

请问：这种"保健免费旅游"馅饼还是陷阱？遭遇侵权如何维权？

律师点评

一些保健品公司组织"旅游"只是幌子，游客往往"被迫"参观企业、听讲座、购买保健产品。相当一部分老年人奔着"免费旅游"而去，但组织方不会在旅游环节上过多投入。"免费旅游"主要针对老年人，旅途中并无保险和协议，一旦发生健康和安全问题，如何处理是一大隐忧。在此提醒广大老年人，要慎重选择免费游。

我国相关法律规定，经营旅游业务必须符合一定条件，并且经旅游行政管理部门审批，保健品公司显然不具有提供旅游服务的资质，遇此情况，旅游者可向当地旅游行政管理部门投诉。

法律依据

1.《旅行社管理条例》

第六条　设立旅行社，应当具备下列条件：

（一）有固定的营业场所；

（二）有必要的营业设施；

（三）有经培训并持有省、自治区、直辖市以上人民政府旅游行政管理部门颁发的资格证书的经营人员；

（四）有符合本条例第七条、第八条规定的注册资本和质量保证金。

2.《旅行社管理条例实施细则》

第二条　旅行社业为许可经营行业。经营旅行社业务，应当报经有权审批的旅游行政管理部门批准，领取《旅行社业务经营许可证》（以下简称许可证），并依法办理工商登记注册手续。

未经旅游行政管理部门审核批准并取得许可证的，不得从事旅游业务。

第六十三条　有下列行为之一的，由旅游行政管理部门责令其停止非法经营，没收其违法所得，并处以人民币 1 万元以上 5 万元以下的罚款；

（一）未经旅游行政管理部门审核批准，经营旅游业务的；

……

3.《旅行社条例》

第四十六条　违反本条例的规定，有下列情形之一的，由旅游行政管理部门或者工商行政管理部门责令改正，没收违法所得，违法所得 10 万元以上的，并处违法所得 1 倍以上 5 倍以下的罚款；违法所得不足 10 万元或者没有违法所得的，并处 10 万元以上 50 万元以下的罚款：

（一）未取得相应的旅行社业务经营许可，经营国内旅游业务、入境旅游业务、出境旅游业务的；

……

酒店设施瑕疵导致食客受伤怎么索赔?

案例回放

因酒店提供的设施有瑕疵，导致消费者在就餐滑倒时不慎将左手划伤，后经调解，消费者最终获赔 2100 元。

近日，江苏消费者黄先生在山东青岛市崂山区某酒店与朋友一起聚餐饮酒时，由于坐姿不当，在身子后靠时，椅子后翻，其本能地伸出左手去支撑身体，却伸到了包房内的玻璃柜的柜门上，而柜门上的玻璃恰巧破损一半，导致黄先生的左手腕及手指当即被割破，后到医院就诊，医生诊断为左手腕的一根肌腱和一根静脉被割断，神经受损，并立即住院进行了手术治疗．共开支医疗费、护理费等费用 4200 元。事后黄先生就赔偿问题与该酒店交涉无果后，到崂山消协投诉。

经调查了解，消费者反映的情况属实。消费者认为：我在你酒店就餐时受的伤，酒店没有保护好我的人身、财产安全，酒店就应该赔偿我的损失；而酒店则认为：消费者是自己不注意导致的划伤，与酒店没关系，且出事后，酒店也积极的采取了包括打车护送去医院就诊等措施，尽到了救助义务，不应承担责任。

请问：酒店设施瑕疵导致食客受伤怎么索赔?

律师点评

由于商家提供的服务设施上有瑕疵（柜门破损），与黄先生摔倒划伤有法律上的因果关系，酒店应当保证在其管理范围内客人就餐的安全，虽然酒店采取了积极的救助措施，但并不能免除应承担的民事责任，除非有证据证明消费者有损伤自身故意；至于消费者，由于自身注意不够，导致受伤，亦应承担相应责任。经调解，商家一次性赔偿消费者医疗、护理等费用2100元。

法律依据

1.《消费者权益保护法》

第七条 消费者在购买、使用商品和接受服务时，其生命权、健康权等人身权或者财产权受到损害的，有权要求经营者依法赔偿或者承担其他民事责任。

2.《侵权责任法》

第三十七条 宾馆、商场、银行、车站、娱乐场所等公共场所的管理人或者群众性活动的组织者，未尽到安全保障义务，造成他人损害的，应当承担侵权责任。

酒店潜规则设置最低消费，顾客一怒点324个包子

案例回放

过年期间，王先生和同事到珠江新城一酒家吃开年饭，由于经常来，知道房间的最低消费是1200元，订座和点餐的时候，服务员也没有说起"涨价"的事情。到结账的时候，楼面

经理才告知，他们的消费是 1359 元，离最低消费 2000 元还差641 元。"说是春节期间临时调高最低消费，在入口有明示，但我们是从车库直接坐电梯上来的，哪看得到什么告示。而且点餐的时候他们也没告知"。

让王先生更生气的是，楼面经理强迫客人消费时还一脸不屑，直接就捧了张餐牌进来，翻开第一页的燕翅鲍，说随便来一两个不就行了。王先生一下子火了，直接将餐牌翻到最后一页，选了个最便宜的"今日特价"：包子 12 元/半打，要求楼面经理下单：全部要包子，凑足 2000 元！

这么算起来，酒家大约就要蒸上 324 个包子（以半打为一个销售单位）！

楼面经理一听就傻了，不肯下单，说是没有这么多包子。但王先生也不让步，"酒楼就是要磨时间逼我们就范，幸好节后公司事情不多，我们也耗得起，一帮人就嘻嘻哈哈看电视，还不时起哄。估计是隔壁房间的客人投诉，再加上还有不少人在等位，最后他们妥协了。"王先生说，僵持了近 1 小时，终于按实际消费埋了单。

但能像王先生这样灵机一动"逼"酒家妥协的并不多，大部分人都屈服于最低消费这一霸王条款。虽然工商部门早已明确规定餐厅不能设立最低消费限制，但记者昨天联系各档次的众多餐厅，大多数都设置了最低消费限制。记者许悦

请问：酒店潜规则设置最低消费怎么办？

律师点评

从《合同法》的角度看，消费者在酒店吃饭，与酒店形成服务合同关系，合同的具体内容为消费者就餐并享受相关服务最后支付价款，至于点餐的多少和种类是消费者根据菜谱自己

选择的，商家设置最低消费实际是霸王条款，即消费者在进入饭店就餐时就必须接受这一条款。基于合同是合同当事人自由意志达成一致的结果，商家不能强迫消费者接受该条款。因此，商家把这一规定强制施加在消费者身上，于法无据。

从《消费者权益保护法》的角度看，该法第 9 条规定了消费者的自主选择权，这一权利应包括消费者对菜式的选择权，而最低消费的规定剥夺了这一权利。该法第 10 条规定了消费者的公平交易权，消费者在消费过程中有权获得公平交易条件，并有权拒绝经营者的强制交易行为。最低消费的规定实际是不公平的交易条件的规定，是商家强制要求消费者必须消费多少钱以上的强制交易行为，因此，该规定也侵犯了消费者的公平交易权。

遇到此种情况，消费者可以通过协商、或向工商部门或消费者保护相关部门投诉解决。

法律依据

1. 《中华人民共和国合同法》

第三条 合同当事人的法律地位平等，一方不得将自己的意志强加给另一方。

2. 《中华人民共和国消费者权益保护法》

第四条 经营者与消费者进行交易，应当遵循自愿、平等、公平、诚实信用的原则。

第五条 国家保护消费者的合法权益不受侵害。

国家采取措施，保障消费者依法行使权利，维护消费者的合法权益。

第九条 消费者享有自主选择商品或者服务的权利。

消费者有权自主选择提供商品或者服务的经营者，自主选择商品品种或者服务方式，自主决定购买或者不购买任何一种商品、接受或者不接受任何一项服务。

消费者在自主选择商品或者服务时，有权进行比较、鉴别和挑选。

第十条 消费者享有公平交易的权利。

消费者在购买商品或者接受服务时，有权获得质量保障、价格合理、计量正确等公平交易条件，有权拒绝经营者的强制交易行为。

机票搜索网站特价机票忽悠人怎么办？

案例回放

不少市民都会通过机票搜索网站查找特价机票，但机票搜索网站忽悠人的情况也不少，明明看到有 1.5 折的机票，点进去却是 6 折票，而且类似情况一再发生。

市民蔡先生在某网站上查询北京－广州的机票，看到查询结果上明明显示有 1.5 折票，但是点击进入却发现最低只有 6.4 折（1095 元），而不是首页显示的 1.5 折（260 元）。

如蔡先生的这种情况不在少数。近来，一些机票搜索网站推出价格超低的特价机票，引起了不少市民关注。但是真正买到特价票的人微乎其微。业内人士透露，其实一些所谓的"低价机票"的数量往往只有几张，有的网站压根没有特价机票，却打出超低价的幌子招揽客人。

请问：遇到机票搜索网站特价机票忽悠人怎么办？

律师点评

根据《消费者权益保护法》和《反不正当竞争法》的规定，经营者应当向消费者提供有关商品或者服务的真实信息，不得作引人误解的虚假宣传。一些机票搜索网站推出价格超低的特价机票，所谓的"低价机票"的数量往往只有几张，有的网站压根没有特价机票，却打出超低价的幌子招揽客人。这种行为违反了法律的相关规定。

消费者遇到此种情况，可以向消费者协会、相关行政部门或网络监管部门进行投诉。

法律依据

1. 《消费者权益保护法》

第十九条　经营者应当向消费者提供有关商品或者服务的真实信息，不得作引人误解的虚假宣传。

经营者对消费者就其提供的商品或者服务的质量和使用方法等问题提出的询问，应当作出真实、明确的答复。

商店提供商品应当明码标价。

第三十四条　消费者和经营者发生消费者权益争议的，可以通过下列途径解决：

（一）与经营者协商和解；

（二）请求消费者协会调解；

（三）向有关行政部门申诉；

（四）根据与经营者达成的仲裁协议提请仲裁机构仲裁；

（五）向人民法院提起诉讼。

2. 《反不正当竞争法》

第九条　经营者不得利用广告或者其他方法，对商品的质量、制作成分、性能、用途、生产者、有效期限、产地等作引人误解的虚假宣传。

客人错过发团时间，该找谁赔偿损失？

案例回放

林某参加合肥某旅行社组织的普陀山三日游，出发时间是早上8点，由于他从外地乘火车赶到合肥，火车正常到达时间为7：34，由于火车晚点导致8：25分林某才赶到出发地点。虽然之前客人已打电话通知合肥某旅行社火车晚点，要求多等一会，但由于是散客拼团，车上其他客人不愿意等，致使林某赶到出发地点时，车子已经开走，后只好自行改乘火车赴普陀山。

林某回程后要求合肥某旅行社退还团款610元，合肥某旅行社只退还住宿、门票、早餐、快艇、轮渡等费用，共计342元，客人不甘心白白损失268元，所以投诉至旅游质量监督部门。

处理结果：林某违约在先，合肥某旅行社应该扣除已发生的费用。合肥某旅行社无过错。

请问：客人错过发团时间，该找谁赔偿损失？

律师点评

1. 本案是一起因旅游者没有按照旅游合同约定的时间到达旅游合同约定的旅游行程起始地而产生旅游纠纷的案例。本案的关键问题在于谁是该起旅游投诉案件的违约方。

2. 根据《合同法》之规定，当事人一方不履行合同义务或者履行合同义务不符合约定的，应当承担继续履行、采取补救措施或者赔偿损失等违约责任。由此可见，法律规定的违反合同义务有两种表现形式，一是不履行合同，二是履行合同不符合约定。本案中，旅游者未能按照旅游合同约定的时间到达旅游行程的起始地集合，就是履行合同不符合约定的行为，其行为已经构成违约，理应承担因违约所造成的不利法律后果。旅游活动是一项团体活动，旅行社在其他旅游者的要求下，准点发车，其履行旅游合同的行为并无不当，不应对旅游者因自身违约行为造成的损失承担赔偿责任。

3. 虽然造成旅游者未能按时到达集合地点的原因是火车晚点，但是，一方面，旅游者乘坐的外地至合肥的列车不在旅游合同约定的旅游行程范围内，要求旅行社为列车晚点造成的后果"买单"，于法无据。另一方面，旅游者在对旅游合同约定的集合时间有充分认知的情况下，理应为到达旅游行程起始地做较为充分的准备和有可能发生的火车误点进行充分的预见。因此，旅游者提出的火车误点不能成为其要求旅行社承担赔偿责任的理由。

4. 值得注意的是，旅行社在与旅游者订立旅游合同的过程中，往往只与旅游者就行程开始和结束的日期进行约定，至于集合时间，通常采用导游员或接待人员口头通知的方式处理。这种做法极易造成与旅游者发生相关争议时，旅行社难以举证证明双方约定的集合、发车时间的不利局面。建议应当就旅游行程中的相关事项向旅游者进行明确的书面告知，且要求旅游者进行书面确认，这样有利于明确双方约定的具体事项，减少纠纷的发生。

5. 本案中，旅游质监部门作出的事实认定及处理结果符合法律规定。

法律依据

《中华人民共和国合同法》

第一百零七条 当事人一方不履行合同义务或者履行合同义务不符合约定的，应当承担继续履行、采取补救措施或者赔偿损失等违约责任。

合同纠纷协商未果以致滞留该怎么办？

案例回放

张某等16名游客参加某旅行社组织的"桂林双卧三日游"。按日程计划应于行程结束后乘火车返回长沙，但客人由于全团火车卧铺票不在同一节车厢票（合同中未约定必须在同一节车厢）而拒绝上车，导致滞留。旅行社积极采取补救措施，及时退票，拟改乘大巴或改乘飞机返回长沙，但与游客协商未能达成一致。游客坚持按原约定乘火车回长，以致滞留桂林两天，直到两天后旅行社买到火车卧铺票后才返程。游客投诉该旅行社，要求其承担违约责任，支付滞留期间的食宿费及误工费等。

处理：

旅游质监部门在查明事实的基础上，处理如下：

1. 旅行社无过错，不承担赔偿责任。

2. 游客承担滞留期间所发生的一切费用。

请问：合同纠纷协商未果以致滞留该怎么办？

律师点评

本案中，张某等16名游客没有采取适当措施致使损失扩大，根据我国《合同法》第119条的规定："没有采取适当措施致使损失扩大的，不得就扩大的损失要求赔偿。当事人因防止损失扩大而支出的合理费用，由违约方承担。"由于全团火车卧铺票不在同一节车厢，未构成旅行社违约，而滞留后旅行社也采取了补救措施，但张某等16名游客不予接受致使损失扩大，因此，导致损失扩大的一切费用应由游客自行承担，旅行社不负赔偿责任。

法律依据

《中华人民共和国合同法》

第一百一十九条　当事人一方违约后，对方应当采取适当措施防止损失的扩大；没有采取适当措施致使损失扩大的，不得就扩大的损失要求赔偿。

当事人因防止损失扩大而支出的合理费用，由违约方承担。

银发旅游该不该向60岁以上老人加价？

案例回放

某旅行社以"1129元香港游"的报价来吸引消费者，有17名老年人前来报名咨询。旅行社向游客承诺，1129元的香港游是包括团费和小费的全包价，不会再有任何费用。于是，这17名老年人兴致勃勃的当场就交了全款。然而，临出发时，旅行社一负责人却称，每人还要再交160元导游费，否则不能发团，游客当时就指责旅行社不诚信，要求退团，旅行社说退款可以，但要扣除定票和酒店预定的费用200元，剩下的再退给游客，而且不开发票，游客遂集体向有关部门投诉。

律师点评

该案中旅行社存在三个方面的违规情况：

1. 本案中旅行社的行为是典型"零负团费"低价竞争行为。当前，由于旅游市场竞争激烈，有些旅行社以此低价吸引游客。1129 元到香港旅游，仅就只够来回路费，且当地同档次食宿费用都要比内地高。旅行社以低价揽客，然后在旅游过程中，通过加收费用、强制购物等形式来"弥补"自己的利润，是典型的"零负团费"操作行为。按照国务院《旅行社条例》第 27 的规定：旅行社不得以低于旅游成本的报价招徕旅游者。未经旅游者同意，旅行社不得在旅游合同约定之外提供其他有偿服务。旅行社如违反本条规定，按照《条例》第 53 条第 2 款，由价格主管部门依法给予处罚。

2. 涉嫌职业和年龄价格歧视。一些旅行社认为：老年人和 20 岁以下学生，以及教师、医生等特殊群体购物消费和参加自费项目的"几率"较低，接待社的利润无法保证，需要通过向这类特殊消费群体加收"差价费"来弥补，于是，加收费用，是一些旅行社进行"零负团费"操作的手段之一。这是旅行社削价竞争、低于成本价销售，以购物消费和参加自费项目的回扣补贴团费造成的不正常现象，直接损害了旅游者的利益。

这种不正常经营行为违反了国家《反不正当竞争法》和《旅行社条例》的有关规定。经营者定价应当本着公平、合法和诚信的原则，没有正当的理由，不得另行加价。如对老年人等特殊消费群体加收"差价费"则应提供差异服务，仅仅因为年龄和职业的差异而加价收费涉嫌价格歧视。

3. 合同违约责任。该案从工商管理部门投诉受理角度，旅行社还要承担合同违约责任。即旅行社与游客的合同中已经明确注明了 1129 元是包括全部团费和小费的，然而临到出发，旅行社却以要求游客重新再交纳其他名目的费用为名，违背了之前与游客约定的条款来履行合同。

法律依据

1. 《合同法》

第一百零八条　当事人一方明确表示或者以自己的行为表明不履行合同义务的，对方可以在履行期限届满之前要求其承担违约责任。

2. 《旅行社条例》

第二十七条　旅行社不得以低于旅游成本的报价招徕旅游者。未经旅游者同意，旅行社不得在旅游合同约定之外提供其他有偿服务。旅行社如违反本条规定，按照《条例》第五十三条第二款，由价格主管部门依法给予处罚。

3. 《反不正当竞争法》

第十一条　经营者不得以排挤竞争对手为目的，以低于成本的价格销售商品。

导游失职，赔偿如何计算？

案例回放

广东游客何先生及朋友二人参加了武汉某国内旅行社组织的"长江三峡四日游"的散客旅游。旅行社报价 880 元，包括交通、住宿、餐饮、景点第一门票及游览期间景点导游服务等。何先生要求在奉节和宜昌分别入住夔州宾馆和葛洲坝宾馆，并且由武汉组团社委派导游，负责其二人三峡沿线各旅游景点的全程导游服务。旅行社因此加收了住宿费600元和导游费用300元。然而，在旅游过程中，该社导游张小姐态度冷淡，对三峡许多景点不作讲解，也不说明上、下船时间等注意事项。从奉节返程开始，导游就不见踪影，何先生在宜昌下船后，自行乘车回汉。何先生以旅行社委派的导游服务质量低劣，中途抛弃客人为由，向质监所投诉，要求旅行社赔偿其全部旅游费用，维护其合法权益。

被投诉方旅行社的辩解：旅行社对游客在旅游途中因导游服务质量不达标而引起的旅程不愉快深表遗憾。旅行社已为游客安排了合理的旅游行程及舒适的酒店住宿，并支付交通、景点、住宿等相关费用，游客所付的300元导游费用包括导游的车费220元和服务费80元，因此不应退还所有旅游费用，而仅退还返汉车费和服务费。

处理结果：

导游违反旅行社与旅游者的合同约定，损害了旅游者的合法权益，旅行社应赔偿旅游者相关损失。根据《旅行社质量保证金赔偿试行标准》第9条："导游在旅游行程期间，擅自离开旅游团队，造成旅游者无人负责，旅行社应承担旅游者滞留期间所支出的食宿费等直接费用，并赔偿全部旅游费用30%违约金。"质监所裁定，退还投诉人返汉车费每人120元，赔偿违约金每人399元。导游张某，在带团过程中将游客置之不理，缺乏职业道德，严重损害了我省旅游形象，质监所根据《导游人员管理条例》第22条，给予其警告并暂扣导游证三个月的处罚。

律师点评

导游人员的行为代表着旅行社的形象，其职责是履行所属旅行社和旅游者之间的旅游合同。所以导游人员有义务，有责任维护旅游者的利益，尽职尽责地为旅游者安排好旅游线路、游览行程，提供高质量的导游服务。导游人员工作过程中因失职、违反行业规定造成旅游者的损害，首先由其聘用单位向旅游者承担赔偿责任。如果由于导游人员因工作无关的行为造成旅游者的损失，应由导游人员直接对旅游者承担相应法律责任。

法律依据

1.《旅行社质量保证金赔偿试行标准》

第九条　"导游在旅游行程期间，擅自离开旅游团队，造成旅游者无人负责，旅行社应承担旅游者滞留期间所支出的食宿费等直接费用，并赔偿全部旅游费用30%违约金。"

2.《旅游法》（2013年10月1日生效）

第一百条　旅行社违反本法规定，有下列行为之一的，由旅游主管部门责令改正，处三万元以上三十万元以下罚款，并责令停业整顿；造成旅游者滞留等严重后果的，吊销旅行社业务经营许可证；对直接负责的主管人员和其他直接责任人员，处二千元以上二万元以下罚款，并暂扣或者吊销导游证、领队证：

（一）在旅游行程中擅自变更旅游行程安排，严重损害旅游者权益的；

（二）拒绝履行合同的；

（三）未征得旅游者书面同意，委托其他旅行社履行包价旅游合同的。

导游工伤，旅行社如何承担责任？

大学毕业后王某考取导游证后，到 A 旅行社带团，双方未签订劳动合同，王某的收入主要是：商店的回扣、客人给的小费。旅行社未给王某上任何保险。不幸的是王某在带团中遭遇车祸，下肢落下残疾，至此王某不但不能再从事导游工作，就是其他工作也受限制。

旅行社给王某付完医疗费后就不再付任何费用了。王某在生活无着落的情况下，将 A 旅行社告到劳动仲裁委员会，要求按工伤予以赔偿，在劳动局作出工伤认定后，劳动仲裁委员会裁决：因旅行社未缴纳工伤保险，令其按照工伤保险的数额一次性支付王某伤残补助金 10 万元，并按月支付伤残津贴。

旅行社对裁决结果感到很委屈，认为不应当承担此责任，其理由是旅行社与王某之间不存在劳动关系：1. 旅行社与王某是平等的合作关系，旅行社为王某提供带团机会，王某在提供导游服务的过程中自己挣回扣和小费。2. 王某是自由的，并不受旅行社的约束，旅行社只是交给他旅游团及行程。3. 导游的收入不是旅行社给的，相反在合作的过程中，导游要给旅行社交纳人头费等。4. 旅行社的业务受淡旺季、自然、社会等因素的影响很大，在淡季时导游可以不用上班。既然旅行社与导游之间是合作关系，就没有义务给游客交纳社会保险和发放工资。且王某的事故不属于工伤，应是一次意外交通事故，按交通事故处理。

请问：导游工伤，旅行社如何承担责任？

律师点评

律师认为劳动争议仲裁委员会的裁决无疑是正确的，尽管导游与旅行社之间的用工形式较特殊，但应纳入劳动法的调整范围，其理由是：《中华人民共和国劳动法》中，对劳动关系作了明确的界定，劳动关系是指劳动者与所在单位之间在劳动过程中发生的权利义务关系。主要包括以下法律特征：

1. 劳动机会是用人单位给予的，劳动者对外以用人单位人员的名义从事劳动。

2. 双方存在劳动法所规定的权利义务关系，劳动者以劳动换取用人单位的报酬。

3. 用人单位行使管理权，劳动者需按用人单位的要求或安排及单方制定的规章制度进行劳动。

《导游员管理条例》规定："导游员是接受旅行社的委派，以委派的旅行社名义为游客提供向导、讲解及相关旅游服务的人员。"具体到本案，第一，导游王某是为A旅行社工作，在游客及政府部门看来王某无疑是A旅行社的导游，他的行为是职务行为，对外代表旅行社；第二，王某的劳动报酬表面看不是旅行社给的，但实质上，是从游客身上获取的，没有得到旅行社的同意，导游的这种收入是不能实现的；第三，导游必须按旅行社单方制定的行程服务，在带团中导游无权更改；第四，导游工作形式、旅行社有淡旺季之分不能成为不建立劳动关系的理由，在《中华人民共和国劳动合同法》中劳动合同分为固定期限的劳动合同、无固定期限的劳动合同、完成一次性任务劳动合同、小时工合同等。劳动合同形式的多样性，完全能够满足用人单位实际需求。

与导游签订劳动合同表面上会增加旅行社的经营成本，但实质上会帮助旅行社避免许多经营风险：第一，能够避免重大事故、突发事件造成的风险，这种风险一旦产生往往高于经营成本数倍甚至数十倍，上述案例足以能说明这一点。第二，能够避免企业违法经营带来的损失，即使是不发生上述事故，导游依法维权，要求旅行社履行用人单位的义务，如补发工资、补交社保等也是有法律依据的，司法机关是会支持的。劳动监察部门依法对旅行社进行违法用工行为的行政处罚，同样是企业的经营风险；第三，能够避免对导游的管理风险。没有签订劳动合同的导游缺乏归属感，很难提高服务质量。相反，签订劳动合同后，双方明确了权利义务，加上相应的奖罚措施，就能够调动导游的工作积极性，导游积极的工作其最大的受益者当然还是旅行社。

其实订立劳动合同并不复杂，关键是符合自身的需要，劳动合同有长期、短期、固定、无固定等形式，即使在合同期内，还有最低生活费制度、请假制度、离岗制度，这些制度可以帮助企业降低淡季时的成本，所以，《中华人民共和国劳动法》不只是对用人单位的规范，同样也是保护企业利益的有利武器。

法律依据

1. 《劳动法》

第十条 建立劳动关系，应当订立书面劳动合同。

已建立劳动关系，未同时订立书面劳动合同的，应当自用工之日起一个月内订立书面劳动合同。

用人单位与劳动者在用工前订立劳动合同的，劳动关系自用工之日起建立。

2. 《工伤保险条例》

第十四条 职工有下列情形之一的，应当认定为工伤：

（一）在工作时间和工作场所内，因工作原因受到事故伤害的；

（二）工作时间前后在工作场所内，从事与工作有关的预备性或者收尾性工作受到事故伤害的；

（三）在工作时间和工作场所内，因履行工作职责受到暴力等意外伤害的；

（四）患职业病的；

（五）因工外出期间，由于工作原因受到伤害或者发生事故下落不明的；

（六）在上下班途中，受到非本人主要责任的交通事故或者城市轨道交通、客运轮渡、火车事故伤害的；

第三十条　职工因工作遭受事故伤害或者患职业病进行治疗，享受工伤医疗待遇。

导游擅自改变旅游行程导致的投诉怎么处理？

案例回放

2000 年 2 月，某旅行社接待香港某旅行社组织的内地观光团。按照合同约定，该旅游团在北京游览 4 天。其中 2 月 11 日行程是游览长城。该旅行社委派导游关某担任该团陪同。关某未经旅行社同意擅自将游览长城的日期改为 2 月 14 日，即离京的前一天，而将 2 月 11 日改为购物。观光团的团员对此变更曾表示异议，但关某称此变更是旅行社的安排。不料，2 月 13 日晚天降大雪。2 月 14 日晨该观光团赴长城时，"雪拥居庸车不前"积雪封路，只得返回。次日，该观光团离京返港后书面向旅游行政管理部门投诉，称该旅行社委派的导游未征得旅游者的同意，擅自改变旅游行程，违反了合同约定，照成旅游观光团未能游览长城，旅行社应承担赔偿责任。该旅行社则辩称改变旅游行程属导游个人行为，与旅行社无关。而导游关某则辩称造成长城未能游览是由于大雪封路的原因，属不可抗力。依据法律规定不承担赔偿责任。

请问：导游擅自改变旅游行程导致的投诉怎么处理？

律师点评

1. 旅行社擅自改变旅游行程，造成该观光团未能游览长城属违约行为，我国《合同法》第8条规定："依法成立的合同对当事人具有法律约束力。当事人应当按照约定履行自己的义务，不得擅自变更或者解除合同。"在本案中作为合同的一方当事人旅行社应当严格按照合同的约定为旅游团组织安排旅行游览活动。由于导游关系擅自改变旅游行程造成该观光团未能游览长城违反了合同约定，当属违约行为。

2. 导游的行为应视为旅行社行为。在本案中，导游关某是根据旅行社的委派担任该观光团的向导。因此，旅行社必须对其委派的导游承担法律后果。我国《民法通则》对此作了明确规定。即"企业法人对他的法定代理人和其他工作人员的经营活动承担民事责任。"因此，在本案中，旅行社不得以导游个人行为未经旅行社同意而为理由不承担责任。

3. 在本案中造成该观光团未能游览长城的原因并非不可抗力，而是导游人员擅改旅游行程。也就是说如果不改变约定的旅游行程，游览长城这一项目是能够实现的旅行社违约行为在先。此外，也必须明确并非只要不可抗力发生就可以不承担赔偿责任。我国《合同法》规定：因不可抗力不能履行合同的，根据不可抗力的影响，部分或者全部免除责任。但法律另有规定的除外。当事人迟延履行合同发生不可抗力的不能免除责任。

"当事人一方因不可抗力不能履行合同的，应当及时通知对方，以减轻可能给对方造成的损失，并应当在合理期限内提供证明。"由此规定在本案中旅行社不得以不可抗力为理由推卸赔偿责任，仍需承担一定的赔偿。

法律依据

《合同法》

第六十条 当事人应当按照约定全面履行自己的义务。

当事人应当遵循诚实信用原则，根据合同的性质、目的和交易习惯履行通知、协助、保密等义务。

第七十七条 当事人协商一致，可以变更合同。

法律、行政法规规定变更合同应当办理批准、登记等手续的，依照其规定。

第一百零七条 当事人一方不履行合同义务或者履行合同义务不符合约定的，应当承担继续履行、采取补救措施或者赔偿损失等违约责任。

第一百零八条 当事人一方明确表示或者以自己的行为表明不履行合同义务的，对方可以在履行期限届满之前要求其承担违约责任。

第一百零九条 当事人一方未支付价款或者报酬的，对方可以要求其支付价款或者报酬。

第一百一十条 当事人一方不履行非金钱债务或者履行非金钱债务不符合约定的，对方可以要求履行，但有下列情形之一的除外：

（一）法律上或者事实上不能履行；

（二）债务的标的不适于强制履行或者履行费用过高；

（三）债权人在合理期限内未要求履行。

报团旅游出现旅游线路与实际不符怎么办？

案例回放

　　吴小姐参加了某旅行社从济南出发的海南双飞四天特价团。报名时旅行社的工作人员保证"游览五指山、万泉河"，但事实上吴小姐的所谓"游览"，只是"遥望五指山，远眺万泉河"。事后，吴小姐等人提出赔偿要求，旅行社表示合同中载明："旅行社在保证不减少行程的前提下，保留调整行程的权利。"

律师点评

　　从法律角度来说，旅游合同是旅游服务人向旅游人提供旅游服务，旅游人给付费用的一种合同。在旅游中，旅行社擅自减少旅游项目，提供的交通、导游、食宿、购物不符合约定的条件，都应当赔偿旅游者的损失。《旅行社条例》规定，旅游合同订立后，旅行社非因不可抗力不得改变旅游合同安排的行程。否则，有关旅行社将被处以最高 50 万元的罚款；情节严重的，还将吊销旅行社业务经营许可证。

法律依据

《旅行社条例》

　　第三十三条　旅行社及其委派的导游人员和领队人员不得有下列行为：

　　（一）拒绝履行旅游合同约定的义务；

　　（二）非因不可抗力改变旅游合同安排的行程；

（三）欺骗、胁迫旅游者购物或者参加需要另行付费的游览项目。

第五十九条 违反本条例的规定，有下列情形之一的，对旅行社，由旅游行政管理部门或者工商行政管理部门责令改正，处 10 万元以上 50 万元以下的罚款；对导游人员、领队人员，由旅游行政管理部门责令改正，处 1 万元以上 5 万元以下的罚款；情节严重的，吊销旅行社业务经营许可证、导游证或者领队证：

（一）拒不履行旅游合同约定的义务的；

（二）非因不可抗力改变旅游合同安排的行程的；

（三）欺骗、胁迫旅游者购物或者参加需要另行付费的游览项目的。

旅行社推荐购物买到赝品怎么办？

案例回放

张女士参加某旅行社组织的新加坡 5 日游，其间旅行团导游将游客带到一家珠宝店购物，张女士花 4000 元挑选了一款祖母绿戒指。回国后经鉴定，戒指由合成祖母绿制成，价值不及真品四分之一。

律师点评

《旅行社条例》规定，在旅游行程中，旅游者有权拒绝参加旅行社在旅游合同之外安排的购物活动或者需要旅游者另行付费的旅游项目。如果导游欺骗、胁迫游客参加某些活动，旅游行政部门或工商管理部门将对旅行社处 10 万元以上 50 万元以下罚款，对导游、领队人员处 1 万元以上 5 万元以下罚款。情节严重的，可吊销旅行社业务经营许可证、导游证或者领队证。

法律依据

《旅行社条例》

第三十三条 旅行社及其委派的导游人员和领队人员不得有下列行为：

（一）拒绝履行旅游合同约定的义务；

（二）非因不可抗力改变旅游合同安排的行程；

（三）欺骗、胁迫旅游者购物或者参加需要另行付费的游览项目。

第五十九条 违反本条例的规定，有下列情形之一的，对旅行社，由旅游行政管理部门或者工商行政管理部门责令改正，处 10 万元以上 50 万元以下的罚款；对导游人员、领队人员，由旅游行政管理部门责令改正，处 1 万元以上 5 万元以下的罚款；情节严重的，吊销旅行 8 社业务经营许可证、导游证或者领队证：

（一）拒不履行旅游合同约定的义务的；

（二）非因不可抗力改变旅游合同安排的行程的；

（三）欺骗、胁迫旅游者购物或者参加需要另行付费的游览项目的。

外出旅游遭遇拼团怎么办？

案例回放

张先生一家去云南旅游，在当地接连遭遇"拼团"。河北、北京、天津、山东等多个省市不同旅行团的游客们莫名其妙地被旅行社组成一个团。由于来自不同地区，游客在游玩过程中始终矛盾不断。

律师点评

组团社将接待服务委托给其他旅行社，是旅游业的普遍做法。但交接过程不能以损害游客的权益为代价。《旅行社条例》规定，组团需要将接待服务委托给其他旅行社的，必须征得旅游者同意，明确接待旅游者的各项服务安排及其标准。接受委托的旅行社违约，造成旅游者合法权益受到损害的，作出委托的旅行社应当承担相应的赔偿责任。

外出旅游要选择具有法定资质的旅游服务企业，查看其是否具有工商行政管理部门颁发的营业执照以及旅游管理部门颁发的旅游资质证明。可以登陆工商行政管理部门和旅游管理部门官方网站进行企业实名信息查询确认。

签约前详细询问旅游公司的各种服务项目及承诺等事项，一定要与旅游服务企业签订完整、详细的书面合同，并对合同内容条款不清、责任不明甚至存在"免除义务、排除消费者权益"的不公平条款提出修改意见，必要时拒绝签订合同。

旅游公司服务承诺的书面资料一定要保留，一旦发生纠纷，上述材料可以作为证据材料。

在旅游过程中，注意旅游公司或导游是否有擅自增加自费项目，以及在旅途中临时更改旅游观光路线和时间的行为。购物时注意识别商品真伪，查看商品的生产厂家、生产日期、保质期等信息，并索要相关票据，切忌"激情消费"，以免被商家误导甚至欺诈。参加一日游的消费者要到旅游集散中心等正规地点报名，防止"黑车"、"黑导游"。

法律依据

《旅行社条例》

第三十六条 旅行社需要对旅游业务作出委托的，应当委托给具有相应资质的旅行社，征得旅游者的同意，并与接受委托的旅行社就接待旅游者的事宜签订委托合同，确定接待旅游者的各项服务安排及其标准，约定双方的权利、义务。

第三十七条 旅行社将旅游业务委托给其他旅行社的，应当向接受委托的旅行社支付不低于接待和服务成本的费用；接受委托的旅行社不得接待不支付或者不足额支付接待和服务费用的旅游团队。

接受委托的旅行社违约，造成旅游者合法权益受到损害的，作出委托的旅行社应当承担相应的赔偿责任。作出委托的旅行社赔偿后，可以向接受委托的旅行社追偿。

接受委托的旅行社故意或者重大过失造成旅游者合法权益损害的，应当承担连带责任。

旅游维权的法律常识问答

第三章

旅游者与旅行社

1. 旅游者有哪些基本权利？

每一名消费者都拥有《消费者权益保护法》规定的九大权益。当您作为一名旅游者时，应注意在旅游的始终行使和维护四种权益：

一是人身财产安全不受损害的权利。这是每一名旅游者最基本、最重要的一项权益。旅行社应当为旅游者提供符合保障旅游者人身、财物安全需要的服务，对有可能危及旅游者人身、财物安全的项目，应当向旅游者作出真实的说明和明确的警示，并采取防止危害发生的措施。如因旅行社原因造成旅游者人身、财产损害的，旅行社应当承担赔偿责任。

二是对所购买旅游商品的知情权。《消费者权益保护法》第8条明确规定："消费者享有知悉其购买、使用的商品或者接受的服务的真实情况的权利。"旅游者跟随旅行社出游，首先要做的是选择旅行社，对旅行社的资质进行核实，要看旅行社是否具有经营国际、国内、出境旅游业务的资格。其次，要与旅行社签订出游合同。旅行社有义务向旅游者提供真实的服务信息，包括交通、线路、景点、购物、地接社等。同时旅游者有权知悉合同中所涉及的旅游活动情况，包括旅行社所提供的服务的范围、档次、参观游览的线路、景点、日程及双方的权利义务等，对合同中所包含的服务内容心中有数。

三是对计划行程外的项目有拒绝权。旅游者有权要求旅行社按照合同的约定提供交通、住宿、游览、导游等服务。同时有权拒绝参加合同安排行程以外的项目。

四是有依法获得赔偿的权利。旅行社若有违约行为，旅游者有权要求赔偿。旅游者可以就旅行社服务质量问题投诉，通过协商求得公平合理的解决，如果协商达不成一致，旅游者有权向旅游质量监督管理所投诉。

2. 旅行社有哪些种类？

按照经营范围来分，旅行社分为国际旅行社和国内旅行社。国际旅行社的经营范围包括入境旅游业务、出境旅游业务、国内旅游业务。国内旅行社的经营范围仅限于国内旅游业务。

按照业务活动来分，旅行社一般分为组团社、地接社和履行辅助人。组团社，是指与旅游者订立包价旅游合同的旅行社；地接社是指接受组团社委托，在目的地接待旅游者的旅行社；履行辅助人，是指与旅行社存在合同关系，协助其履行包价旅游合同义务，实际提供相关服务的法人或者自然人。

3. 设立旅行社的必备条件有哪些？

有固定的营业场所；有必要的营业设施；分别持有国家旅游局颁发的《旅行社经理资格证书》的总经理 1 名，部门经理至少 2 名，取得助理会计师以上职称的专职财会人员；不少于30 万元的注册资本和 10 万元质量保证金。

4. 什么情况下旅行社可以设立分社？

旅行社年接待旅游者达 10 万人次以上；进入全国旅行社百强排名；分社经理必须取得《旅行社经理资格证书》；符合《条

例》中规定的注册资金和质量保证金的要求。可以设立不具有法人资格的分社。

5. 什么是旅行社质量保证金?

旅行社质量保证金是从旅行社合法财产中特定出来,用于保障旅游者权益的专用款项。旅行社应当自取得旅行社业务经营许可证之日起 3 个工作日内,在国务院旅游行政主管部门指定的银行开设专门的质量保证金账户,存入质量保证金,或者向作出许可的旅游行政管理部门提交依法取得的担保额度不低于相应质量保证金数额的银行担保。经营国内旅游业务和入境旅游业务的旅行社,应当存入质量保证金 20 万元;经营出境旅游业务的旅行社,应当增存质量保证金 120 万元。

旅行社每设立一个经营国内旅游业务和入境旅游业务的分社,应当向其质量保证金账户增存 5 万元;每设立一个经营出境旅游业务的分社,应当向其质量保证金账户增存 30 万元。

6. 什么情形可以划拨旅行社质量保证金?

在下列情形下,经旅游投诉处理机构调解,投诉人与旅行社不能达成调解协议的,旅游投诉处理机构应当做出划拨旅行社质量保证金赔偿的决定,或向旅游行政管理部门提出划拨旅行社质量保证金的建议:

(1) 旅行社因解散、破产或者其他原因造成旅游者预交旅游费用损失的;

(2) 因旅行社中止履行旅游合同义务、造成旅游者滞留,而实际发生了交通、食宿或返程等必要及合理费用的。

旅游合同与旅游保险

1. 什么是包价旅游合同？

包价旅游合同，是指旅行社预先安排行程，提供或者通过履行辅助人提供交通、住宿、餐饮、游览、导游或者领队等两项以上旅游服务，旅游者以总价支付旅游费用的合同。

2. 如何看待旅行社信誉和旅游合同条款？

旅游前，首要的是签约问题，即参加旅游的消费者与旅行社签署旅游合同，旅游合同属于服务合同的一种，主要条款包括价格和质量，很多消费者往往注重的是价格，只要价格低，就不去关注合同中具体的条款，也不去了解旅行社的信誉问题。

任国强律师认为，价格虽然是要考虑的因素，但消费者更应当注重旅行社的信誉问题，消费者可以多方打听旅行社的口碑，规模和等级等情况。在实践中产生纠纷的，往往是那些信誉等级低的旅行社，尤其是打价格战的旅行社，旅行社报的旅游费用价格低于市场的一般价格甚至低于成本，这要引起消费者的警惕，低于成本价格，则旅行社以及相关旅游的经营者会变相在旅行中通过购物、增加其他名目的费用等方式获取额外利益，因此，消费者要注重旅行社的信誉，除了查阅旅行社的情况外，在签约前，消费者一定要认真审查合同的条款。

3. 如何对待旅游合同中的霸王条款？

相对消费者，旅行社具有法律上的强势地位，很多消费者认为，旅游合同是旅行社单方出具的，自己没有修改或变更的权利。很多消费者在不具有法律上的优势前提下，也不认真查看旅游合同中的具体条款。

任国强律师提示：旅游消费者只询问价格，这是错误的，因为合同的条款是约束旅游经营者与旅游消费者之间权利义务的，是具有法律约束力的文件，合同中有若干双方权利义务约定和制衡的条款，因此签订书面合同是旅游前最重要的一个环节，消费者要对合同条款认真查阅和仔细琢磨。

律师建议，消费者查看合同中，遇到不合理的条款可以直接指出来要求变更或删除，对于不理解或模糊的条款可以要求签订补充协议。当然有的旅行社处于强势地位，某些资源和规模比较大的旅行社，在制定合同条款时不允许消费者变更或补充，此时，消费者处于弱势地位，如果是单位人数多或者家庭人数众多的情况下，则可以利用人数优势要求旅行社变更条款或签订补充协议。

为了避免旅行社扯皮或增加消费者的成本，建议消费者在签订合同时，要尽量要求旅行社将违反法律的条款删除，或者签订补充协议细化条款的内容。消费者尤其需要注意的是那些限制或剥夺消费者权利的条款。

当然，退一步讲，该旅行社信誉比较好，服务也周到，且价格相对合理，消费者如果因为合同条款不能修改而丧失出游的活动，也挺可惜，在此提示消费者，如果属于这种情况，如果对于行程等相关问题比较明确的前提下，消费者可以签订，即便存在某些霸王条款，实际在法律上也是无效的，根据《消费者权益保护法》的相关规定，如果出现了对消费者不公平、不合理的格式条款，条款内容无效。

4. 如何对待旅行社工作人员的承诺？

旅行社之间的竞争也很激烈，旅行社的客服（销售人员）往往承诺了以后，却没有将其承诺写进合同中，消费者以为只要是旅行社工作人员口头承诺了，就一定会遵守。

虽然旅行社的工作人员的承诺可以视为其在履行工作职责，

从法律意义上属于旅行社的行为，但是如果没有落实到书面合同中，消费者事后以质量不合格投诉或诉讼，往往处于无法提供证据的劣势低位，因此，消费者对旅行社工作人员的承诺一定要有清醒的认识，消费者应要求将相关承诺写进合同或补充协议中。

5. 消费者可否享有解除合同的权利、是否可以转让给其他人出行？

签订旅游合同后，一般旅行社都是事前收取旅游费用，但此时，如果消费者因为个人原因无法按照预先设定的时间出行，希望放弃旅游，消费者是否有权利解除合同呢？如果消费者在出行前，因为个人原因不能出游，假如旅行社已经为此支付了大部分成本费用，此时消费者为了避免损失，是否可以将该出游的机会转让给其他人呢？

律师提示：根据法律规定，无论在旅游行程开始前还是已经开始旅游过程中，旅游消费者享有单方解除权，但假如旅行社已经为此支付了相关费用且有相关票据证明的话，则消费者需要承担该费用，对于没有实际产生的费用，旅行社需要无条件退还。

如果消费者与旅行社签订的合同中没有禁止消费者转让行为，消费者就有权转让给其他人，当然如果涉及个人护照、特殊身份等原因无法转让的，则消费者不能转让。

6. 消费者在旅游活动中是否可以单独活动？

在开始旅游过程中，因为旅行社组织的吃住行以及娱乐活动，很多消费者不适应或者有自己独特的想法，此时消费者是否可以自作主张的单独行动，如果单独行动产生了法律纠纷，消费者是否可以向旅行社主张权利？

律师提示：在自行安排活动期间，如果领队人员或导游等工作人员没有尽到提示义务，或者在旅游合同中没有相关明确的提示，此时旅游者单独行动后如果遭受人身损害、财产损失，可以向旅行社主张。

如果消费者单独行动产生了人身或财产的损害，旅行社作为旅游经营者主张已经尽到必要的提示义务以及救助义务，那么旅行社在诉讼中需要承担举证义务。

如果未经导游或者领队许可，旅游消费者故意脱离团队后，遭受人身损害、财产损失的，一般旅游经营者不须赔偿。如果是其他场地未尽到安保义务导致的，消费者可以向没有履行安保义务的经营场所主张权利，进行索赔。

7. 消费者是否有权不参加购买物品的活动？

很多旅游经营者，往往用低价格吸引游客，甚至低于成本价的方式吸引游客参加组团旅游，但为了赚取非法利益，就由导游或领队人员在行程中组织游客购物，然后由旅行社或导游与商家进行分成以获取不当利益，有些消费者碍于情面在购物活动中以较高费用购买了物品，有的消费者被导游或销售者忽悠购买了相关物品，还有新闻报道称，有些消费者不参加购买或参加后不够买，导游就会采取言语侮辱等不合理的方式强行要求消费者购买。

律师提示：消费者有权拒绝购买，尽管可能在旅游合同中有购买这一项活动，但消费者有权拒绝购买，也有权不参加购买活动，这是消费者的权利。消费者一旦购买了质次价高的物品，如果没有确定的证据证明旅行社与销售者勾结，很难直接单独要求旅行社返还购买物品的费用。

8. 因交通工具的原因耽误行程，消费者可否要求赔偿吗？

消费者参加旅游，旅行社已经预定了飞机、火车等交通工具，但因为这些交通工具的延误，导致相关活动取消或者实际旅游的项目减少，此时，消费者往往不知道责任属于交通运输工具运营者还是属于旅行社。

律师提示：如果是因为天气原因或者交通管制等特殊原因导致航班延误、火车晚点，此种原因属于不可抗力，依照法律规定，消费者仍可以要求旅行社退还未实际发生的费用。如果是因为旅行社工作人员的失误或者与旅行社具有合同关系的交通运输工具运营者自己的原因导致延误，消费者可以直接要求旅行社赔偿相关损失，消费者还有权要求返还已经缴纳的但实际未发生的旅游费用。

9. 出游旅行时该如何选择保险？

越来越多的家庭把外出旅游当成度假的方式之一。旅游者在尽情地游山玩水的同时，往往忽视了其中存在的许多不确定因素，可能随时会有意外事故发生。

那么，该采取何种措施来避免意外事故带来的经济损失呢？专家徐浩然建议：出门旅游前不妨购买一份旅游保险，当旅游者万一在旅行过程中遭遇特定事故，带来意外伤害和损失时，能获得及时的救助和相应的经济补偿，全方位为自己和家庭的出游保驾护航。

由于旅游险种众多，因此消费者根据自己出游和旅行的具体情况，选择最适合自己的保险产品。目前，国内的保险公司开展的旅游保险业务主要有以下几种：

旅游救助保险

及时救助是旅游救助保险的最大特色，将传统保险公司的一般事后理赔向前延伸，变为事故发生时提供及时有效的救助。因此，非常适合长假期间和亲朋好友自驾游旅行。遇到车子抛锚或者交通事故，就可以尽快通知保险公司进行处理，一点也不会耽误旅行日程和安排。

旅游求援保险

这种保险对于出境旅游十分合适，有了它的保障，旅游者一旦发生意外事故或者由于不谙当地习俗法规引起了法律纠纷，只要拨打电话，就会获得无偿的救助。看来，无论是对目的地国家或地区熟悉或者陌生，最好还是购买旅游求援保险，以防万一，省去不必要的麻烦。

旅游意外伤害保险

旅游意外伤害保险比较适合乘坐汽车、轮船等交通工具进行出游的游客，从检票进站或中途上车上船起，至检票出站或中途下车下船止，在保险有效期内因意外事故导致无法预计的后果时，保险公司除按规定付医疗费外，还会向遭受意外的投保人家属支付全数、半数或部分保险金额。值得一提的是，这种保险通常在你购买车、船票时实际上就已经进行了规定投保。

旅游人身意外伤害险

这是目前大多数保险公司开设的旅游保险之一，每份保险费为 1 元，保险金额为 1 万元，一次最多投保 10 份。对于在旅行游玩过程中发生的意外事故进行的赔付。这种保险非常适合户外旅行者，参加一些探险游、生态游、惊险游或者极限运动时，旅客可以选择购买旅游人身意外伤害保险。

住宿游客人身保险

这是专家建议游客们投保的一类险种，适合在酒店或旅馆进行投宿的游客。每份 1 元，从住宿之日零时起算，保险期限

15 天。期满后可以续保，每位游客可以购买多份，这类保险提供的保障主要有住宿旅客保险金 5000 元，住宿旅客见义勇为保险金 1 万元，为旅客随身物品遭意外损坏或被盗、被抢、丢失的补偿金 200 元。

不过，有些事故并不属于保险责任，因此即使购买了保险，也不一定获得赔偿。以下几条就不属于保险责任，在购买保险之前一定要了解清楚：

首先，战争、军事行动等引起的旅程延误不在保险责任之列。一般在旅游保险中，由于恶劣天气、自然灾害、机械故障、罢工、劫持或怠工及其他空运、航运工人的临时性抗议活动而导致飞机或轮船延误 5 小时以上，保险公司将按保险合同项下相应的保险金额赔偿该被保险人。但以上保险责任中不包括战争、军事行动引起的延误。

其次，行李延误赔偿的是被保险人在当地购买生活必需品而发生的合理费用。在旅行中可能会因托运行李延误 8 小时以上而给客户旅行带来极大不便，这时保险公司将赔偿被保险人在当地购买生活必需品而发生的合理费用。需要注意保险公司赔偿的是在当地购买生活必需品发生的合理费用，并非只要发生行李延误就有赔偿。

最后，投保前已存在的疾病和受伤为责任免除事项。旅游保险中"医药补偿"保障的是在旅行期间因生病或意外事故而需要必要治疗的实际医药费用。但客户要留意若该伤病是投保之前已存在的，则大部分的旅游保险都将此列为责任免除。例如，被保险人在旅程中因心脏病需入院治疗，而医生的诊断报告证明被保险人所患的心脏病是已存在多年的，保险公司会拒绝赔偿。

旅游维权与旅游监管

1. 发生旅游纠纷游客如何维权？

理性消费：避免旅游纠纷

其实很多不愉快的旅游纠纷是可以避免的，最重要的是，游客要做到防患于未然，理性消费。

首先报名参团时，要选择有资质的旅行社，确认其经营范围，注意查看"一证一照"，即工商局颁发的营业执照和旅游局颁发的旅行社业务经营许可证。"国内旅行社只能经营国内旅游业务，包含港澳的出境旅游须由有出境游资格的国际旅行社经营，不要选择中介公司和咨询公司。"其次，树立科学的理性消费观念，追求质价相符的产品，而不能眼睛只看到低价，一分钱一分货是颠扑不破的真理，旅游纠纷往往与低价密不可分。

另外，非常重要的是，跟选定的旅行社签订正规的旅游消费合同，最好签由主管部门监制的格式合同，明确双方的权益义务和违约责任。针对以往投诉较多的自费、购物次数多、占用游览时间多的问题，游客在出发前确认好行程中费用所包含的项目和景点的停留时间，以便必要时通过导游或领队交涉；购物要索取正式发票。

再者，出门旅游，虽然图的是个"乐"字，但平安是前提，游客还应树立旅游安全意识和风险转移意识，购买个人旅游意外险，这是由血的教训总结出来的经验。

理性维权：避免过激行为

旅游途中，遇到旅行社违约时，要尽量沟通、协商解决。

出门前，先记下组团社的联系电话和投诉电话。旅途中出现问题时，先与地接社导游或领队多沟通，不能解决时，再与组团社联系，要求妥善处理。千万不要采取过激行为，比如拒绝登机、登船、中断旅行，这样将使自己的损失扩大，属于维权过当，扩大部分的损失将不会得到赔偿。

如果现场交涉后，仍无法解决，游客可在返程后再追究旅行社违约赔偿责任。有5种维权渠道可供选择：报名的组团社、市旅游质监所（含各区县，投诉电话96927）、消委、合同仲裁机关或直接向法院起诉。投诉时效为90天，投诉范围包括合同上约定的涉及吃、住、行、游、购、娱六要素。如果不是合同约定的购物点、参观点，游客自行游购，发生意外，均属游客自身问题。

2. 消费者在旅游中应当注意的细节和如何保留证据？

答：消费者往往遭受到损害后才想起证据保留问题，多数消费者并非法律人士，很难提前想到保留证据等问题。

律师提示：消费者应当对吃、住、行、游、购、娱几大方面活动中的细节，如住宿标准、旅游路线、景点安排、饮食、接送服务等情况都要做记录，在出行前提前查看合同，对比合同中约定的项目，对于与项目不符的情况，及时找导游或领队沟通，相关沟通的细节可以录音。消费者需要保留的相关材料包括：旅行社的宣传单、旅游合同、缴费票据、导游的名片、履行景点的门票、住宿旅馆的登记卡等住宿材料，消费者在旅游过程中，既可以采用录像、录音、拍照等方式对景点等留念，也可以用来取证使用。如果出现人身损害时，应当及时报警。

3. 发生旅游纠纷时有哪些投诉途径？

（1）向旅游质量监督管理部门投诉。国家旅游局在全国各省及主要旅游城市都设立了旅游质监所或质监机构，其职责就是受理并处理好辖区范围内的旅游服务质量投诉案件。消费者在旅行过程中遇到旅游服务质量问题，自己合法权益受损，可以立即前往或去当地旅游质量监督部门投诉。如果消费者已旅行回来，可到组社所在地的旅游质量质监所投诉，递交投诉状。

（2）向消费者委员会投诉。消费者在旅游中遇到旅游服务质量问题，自己合法权益受到侵害可向消费者委员会投诉。投诉信要写清投诉人的姓名、地址、邮编、电话号码；被投诉方的单位名称、详细地址、邮编、电话号码；投诉事件经过及有关凭证、材料。

（3）向人民法院提起诉讼。消费者向法院提起诉讼并已被法院受理的案件，消费者委员会、质监所将不再受理。

4. 什么是旅游投诉？

《旅游投诉处理办法》所称的旅游投诉，是指旅游者认为旅游经营者损害其合法权益，请求旅游行政管理部门、旅游质量监督管理机构或者旅游执法机构（以下统称"旅游投诉处理机构"），对双方发生的民事争议进行处理的行为。

5. 向旅游质监所投诉的程序

（1）递交投诉状。投诉者应当向旅游质监所递交投诉状，投诉状应当写明下列事项：①投诉者的姓名、性别、国籍、职业、年龄、联系电话、单位名称及地址；②被投诉者的单位名称、导游姓名；③投诉请求和根据的事实、理由与证据。

（2）审核。旅游质监所收到投诉时，如系电话投诉，一般会要求游客先与旅游企业协商，使投诉可以得到快速的解决。因为质监所要求每一个旅行社都设立质量监管部门或质管员，专门负责处理游客对本企业的投诉。双方协商成功，质监所不再立案。如游客对该企业的处理方案不满，仍可向我所投诉。

如系书面投诉，质监所将对书面资料进行审核。如投诉人资料不足，会通知投诉人补充资料。在资料收齐的当天决定是否受理。无论是否受理，都会在3天内通知投诉人。

如是对其他部门的投诉，将转送给有关部门处理，并通知投诉人。

（3）双方自行协商。游客与旅行社自行协商的最长期限是30天。协商成功，游客接受旅行社的处理方案，质监所结案。

（4）核实案情。对协商不成的案件，质监所向双方展开调查，核实案情，并征求法律意见，制定初步的协调方案。

（5）召开调解会。召集当事人双方进行质证、调解，调解成功，双方接受质监所的协调方案，质监所结案。

（6）作出书面处理决定。调解不成，质监所在重新核实案情的基础上在15天内作出处理决定，以书面形式通知双方当事人。

（7）申诉或起诉。当事人服从处理决定，质监所结案。当事人对处理决定不服，可在15天内向上一级质监所申诉，或向法院起诉。

（8）自行赔偿与保证金赔偿。如质监所作出由旅行社承担赔偿责任的处理决定时，旅行社应按处理决定自行赔偿游客的损失。旅行社不承担或无力承担赔偿责任时，质监所作出动用该旅行社质量保证金支付赔偿的决定，并书面通知双方。

（9）结案。质监所收取双方回函，填写处理结果，结案。

6. 旅游投诉应当符合什么条件？

（1）投诉人与投诉事项有直接利害关系；

（2）有明确的被投诉人、具体的投诉请求、事实和理由。

7. 旅游投诉范围有哪些？

（1）认为旅游经营者违反合同约定的；

（2）因旅游经营者的责任致使投诉人人身、财产受到损害的；

（3）因不可抗力、意外事故致使旅游合同不能履行或者不能完全履行，投诉人与被投诉人发生争议的；

（4）其他损害旅游者合法权益的。

8. 旅游者可以通过口头投诉吗？

投诉事项比较简单的，投诉人可以口头投诉，由旅游投诉处理机构进行记录或者登记，并告知被投诉人；对于不符合受理条件的投诉，旅游投诉处理机构可以口头告知投诉人不予受理及其理由，并进行记录或者登记。

9. 向旅游投诉处理机构提出投诉的时效期限为多长时间？

向旅游投诉处理机构提出投诉的时效期限为旅游合同结束之日起 90 天内。超过时效的投诉请求可以不予受理。

10. 旅游者可以委托代理人进行投诉吗？

旅游者可以委托代理人进行投诉，投诉时应当向旅游投诉处理机构提交授权委托书，并载明委托权限。

11. 什么是共同投诉？

投诉人 4 人以上，以同一事由投诉同一被投诉人的，为共同投诉。共同投诉可以由投诉人推选 1 至 3 名代表进行投诉。代表人参加旅游投诉处理机构处理投诉过程的行为，对全体投诉人发生效力，但代表人变更、放弃投诉请求或者进行和解，应当经全体投诉人同意。

12. 旅游投诉的处理程序和时限是如何规定的？

（1）旅游投诉处理机构接到投诉，应当在 5 个工作日内作出以下处理：① 投诉符合本办法的，予以受理；② 投诉不符合本办法的，应当向投诉人送达《旅游投诉不予受理通知书》，告知不予受理的理由；③ 依照有关法律、法规和本办法规定，本机构无管辖权的，应当以《旅游投诉转办通知书》或者《旅游投诉转办函》，将投诉材料转交有管辖权的旅游投诉处理机构或者其他有关行政管理部门，并书面告知投诉人。

（2）旅游投诉处理机构处理旅游投诉，应当立案办理，填写《旅游投诉立案表》，并附有关投诉材料，在受理投诉之日起5个工作日内，将《旅游投诉受理通知书》和投诉书副本送达被投诉人。对于事实清楚、应当即时制止或者纠正被投诉人损害行为的，可以不填写《旅游投诉立案表》和向被投诉人送达《旅游投诉受理通知书》，但应当对处理情况进行记录存档。

（3）被投诉人应当在接到通知之日起10日内作出书面答复，提出答辩的事实、理由和证据。

（4）投诉人和被投诉人应当对自己的投诉或者答辩提供证据。

（5）旅游投诉处理机构应当对双方当事人提出的事实、理由及证据进行审查。旅游投诉处理机构认为有必要收集新的证据，可以根据有关法律、法规的规定，自行收集或者召集有关当事人进行调查。

13. 旅游投诉处理过程中，投诉人与被投诉人能自行和解吗？

旅游投诉处理过程中，投诉人与被投诉人能自行和解，但应当将和解结果告知旅游投诉处理机构；旅游投诉处理机构在核实后应当予以记录并由双方当事人、投诉处理人员签名或者盖章。

14. 投诉中遇到对专门性事项需要鉴定或者检测的应怎么处理？

对专门性事项需要鉴定或者检测的，可以由当事人双方约定的鉴定或者检测部门鉴定。没有约定的，当事人一方可以自行向法定鉴定或者检测机构申请鉴定或者检测。鉴定、检测费用按双方约定承担。没有约定的，由鉴定、检测申请方先行承担；达成调解协议后，按调解协议承担。鉴定、检测的时间不计入投诉处理时间。

15. 旅游投诉处理机构对旅游投诉可以作出哪些处理？

旅游投诉处理机构应当在受理旅游投诉之日起 60 日内，作出以下处理：

（1）双方达成调解协议的，应当制作《旅游投诉调解书》，载明投诉请求、查明的事实、处理过程和调解结果，由当事人双方签字并加盖旅游投诉处理机构印章；

（2）调解不成的，终止调解，旅游投诉处理机构应当向双方当事人出具《旅游投诉终止调解书》。

调解不成的，或者调解书生效后没有执行的，投诉人可以按照国家法律、法规的规定，向仲裁机构申请仲裁或者向人民法院提起诉讼。

16. 什么情形旅游投诉处理机构不予受理？

（1）人民法院、仲裁机构、其他行政管理部门或者社会调解机构已经受理或者处理的；

（2）旅游投诉处理机构已经作出处理，且没有新情况、新理由的；

（3）不属于旅游投诉处理机构职责范围或者管辖范围的；

（4）超过旅游合同结束之日 90 天的；

（5）旅游投诉范围规定情形之外的其他经济纠纷；

（6）不符合旅游投诉受理条件的。

17. 旅游投诉有哪些注意事项？

（1）旅游者对非旅游经营者损害其合法权益的行为，可直接向其他有关部门或消费者组织投诉；

（2）对不属于旅游投诉处理机构职责范围或者管辖范围的

投诉案件，应当在 5 个工作日内告知投诉人不予受理的理由，或将投诉材料转交有管辖权的旅游投诉处理机构或者其他有关行政管理部门处理，并书面告知投诉人；

（3）旅游产品质量状况难以凭感官确定的，投诉者应提供当事人双方约定的或法定鉴定、检测部门的鉴定书。鉴定、检测的时间不计入投诉处理时间；

（4）投诉者请求保护其合法权益的投诉时效期间为 90 天。投诉时效期间从旅游合同结束之日起算。

专家支招幸福旅游宝典

出游切勿选低价团，看清行程中的细节

市民及外地游客，在淡季选择旅行团之前一定要问清楚旅游费用报价的构成，仔细查看旅游合同及行程中所包含的内容，不能一味地追求相对较低的报价。

旅游费用报价是一个综合报价，通常由交通费、住宿费、餐费、门票费、导服费、代办证件费及旅游合同中约定的其他费用构成。同样的旅游线路往往会出现多种不同的价格，有时竟相差近千元。

主要原因有三：一是交通工具的差异，如火车硬、软卧、普通、特快、空调等的差异；飞机票分正班机、加班机和包机，甚至某些时段还有特价机票，并且旅行社自身业务量的大小，飞机票的折扣也有所不同；旅游使用的旅游车也有豪华、普通、空调等分类。二是住宿上的差异，星级不同，价格不同，同样星级的宾馆因位置或建成年代早晚价格也相差很大，且个别旅行社会使用概念不清的"准星级"、"相当于几星级"等称谓来降低住宿标准和成本。三是景区（点）门票是否包含在旅游报

价、是进入景区（点）游览还是远观等因素也会影响报价。

此外，个别旅行社为了多招徕顾客、追求经济利益，也存在采用多进购物店、增加二次消费、随意拼团、以次充好等手段来降低直观价格吸引游客，而行程中则通过压缩主要景点的游览数量和时间，降低对游客的服务质量，造成低价格、低质量团队。

赴欧游兼代购，不要带太多商品

到欧洲玩了一趟，不仅没花钱，反倒赚了钱，真有这样的好事？特别临近圣诞和新年，欧洲不少城市的世界名牌商品5折大促销，加上近期欧元汇率大幅下降，因此有的市民去欧洲旅游时顺带购物，回来再转手，很容易就能赚回已经大幅下跌的参团费，使得自己的出境游变成"赚钱之旅"。

专家提醒说，根据我国海关的规定，游客携带化妆品等高档物品入境，必须满足"合理自用"的原则。如携带一瓶香水将被认定为自用，但若携带两三瓶甚至更多，就要征税。此外，根据《关于入境旅客行李物品和个人邮递物品征收进口税办法》和《海关法》的规定，入境携带价值超过5000元的商品将被收取一定的进口税。

一些借旅游机会做"代购"生意的市民，大多将在境外购买的奢侈品通过行李带入境内。一种品牌买上一两件，自用还是代购很难说清楚，一般问题不大。但是，国家海关最近发文指出，境外代购商品在入境时要依法申报，未向海关申报或申报不实的，海关除征税外还将实施处罚。因此，业内人士建议游客不要带太多商品，以免到时讲不清楚。

机票打折广告虚假，多辨别真假代理

在一些节假日临近之时，飞机票价格会持续走高，有的几

乎都是全价票，不过有民众还是能收到很多机票打折的手机短信和广告，那么这些信息是真的吗？消费者该如何判断机票销售代理是否正规呢？

对于大多数正规代理企业而言，现在发送的短信更多的是一种出行确认的短信，包括提醒消费者到哪乘机、具体的航班的时间，这种促销短信，正规的代理企业发送的很少。

人们经常可以在街头看到机票打折的小广告，有的上面写着首都机场民航售票处或中国国际航空售票处等等，还标明了机票价格、销售电话、地址。这在普通的消费者看来，信息是可靠的。往往这些广告题目名称都写得很大，其实虚假成分很多。工商部门也指出，类似中国民航售票处、中国国际航空售票处等都没有在工商部门注册。

除了街头散发的小广告、手机短信等，现在很多消费者更倾向于在专卖特价机票的网站购买机票。机票销售有一些网站不能说虚假，但至少不是中国航协认可的销售代理企业。比如旅客在某航空票务中心的网站上买了票，提供的都是假行程单，导致无法报销。

消费者到机票代理网点买机票时，先要看这家网点有没有中国航协颁发的资质证书、牌匾等。这种金色的牌匾表示可以销售国际客票和国内客票，银色的牌匾表示只能销售国内客票。如果消费者是电话购票或是网上购票，一定要问清楚代理公司的名称，然后通过中国航协的网站进行查询，如果没有查询到这家公司，就说明它不是正规的销售代理。另外，消费者在购买机票后，可以拨打各家航空公司的电话或者拨打4008158888，查询机票真伪。

节日出游血拼，专家教你识别购物陷阱

海水珍珠高贵大方，一串串闪闪发亮的珍珠项链简直让人

爱不释手，不少去沿海等地旅行的人都会难挡珍珠的诱惑。不过这里面的"陷阱"可是层出不穷的，购买的时候一定要加倍小心。

陷阱一："著名专家"答疑解惑

在一些旅游区的小店里，卖的商品质次价高，但为吸引游客，就会在店里训练一批"专家"，来介绍各种鉴别珠宝的方法，什么是淡水珠，什么是海水珠，让你觉得大长见识的同时，自掏腰包买上几串经过"亲自鉴别"的珍珠项链。其实，这些珍珠往往是些不值钱的淡水珠，甚至是工艺珠，到正规的店里看看你就会发现，这些店里珍珠的价格要高出好几倍。

见招拆招：一般情况下，宾馆里的珍珠都能保证质量，但是会比较贵。如果实在热衷于在小店里淘珍珠的乐趣，那就要特别小心，那些没有标明厂名、厂址、商标的三无珍珠千万不要买。

识别珍珠有些基本技巧，若是以塑料薄膜覆层的工艺珠，很好鉴别，两颗珠一对磨直打滑，一刮便掉一层皮。而一些以贝壳为核，涂上涂料的工艺珠，鉴别起来就较为困难，可以用手摸，伪珠有腻感，真珠爽手，挂在颈项上有凉快感，总之要想买到称心如意的珍珠，还是要小心为上。

陷阱二："国"字号招牌

有的店铺面积不大，名头可不小：国家珍宝馆、国家会展中心……，让人惊讶的是，这些打着"国"字号招牌的购物中心里，竟然允许讨价还价，只要功力够深，500元买到开价2000元的蓝宝石戒指也是易事一桩。有多少人能经得起这样的诱惑，能否捂住钱包就看你耐力如何。实际上，这些购物中心的物价大都比同级市场高出许多，定价高出一成，自然就留有还价的余地。

见招拆招：买珠宝，不妨多走几家店铺，比较一下类似货品的价格。酒店商场货品的价格会贵些，不过，对于时间较紧的游客来说却方便，声誉良好的商店通常以协议书的形式列明细则，如果遇上不愿意签订协议的店铺，还是改去别处吧。

陷阱三：天花乱坠吹名表近几年，所有组团去香港旅游的人，几乎都听说过这两大"名表"——"世博表"和"五星上将"，号称是瑞士原装进口，名气远远大于劳力士、欧米茄。实际上，除了机芯是在瑞士生产的之外，此表没有哪一方面能达到世界名表的标准。但是"黑导游"都大力推荐这两个品牌，再者，游客所参观的表店里也只有这两种表出售，要是询问其它名表的价格，得到的答案大多是"缺货"。所以很多人就不知不觉地中招，将其当成真的瑞士名表买回家。

见招拆招：这两种表不是假表，只是远远称不上"世界名表"，要是不小心购买了一只，香港旅游业议会也有承诺：在旅行团安排的购物活动中消费，购货后感到不满，可以先通过导游处理，或购物14天内向议会投诉，并将完全未经使用及包装完整的货品退回，即可办理全数退款手续。切记要保留单据原件。

消协提醒：春节出行要慎签旅游合同

春节即将来临，不少家庭都有集体外出的打算。鉴于以往旅游合同存在诸多问题，给消费者带来麻烦，提醒广大消费者，要想有个舒心旅程，要特别注意以下几点。

审查、签订合同要慎重。消费者拿到合同后，不要急于签字，首先要仔细阅读合同的内容，尤其是对旅程安排及违约责任方面应字斟句酌地审阅。对消费者不利的条款或模棱两可的语句一定要修改。

在合同中明确约定旅游行程，包括乘坐交通工具是火车还是飞机，是一般旅游汽车、空调车还是豪华大巴；住宿标准是星级宾馆还是招待所，如果是宾馆应注明是几星级的；旅游景点具体有哪些；餐饮标准应明确是几人几菜几汤；还要注明娱乐标准、购物次数等。

明确旅游价格，防止旅行社变相提价。一些旅行社以低价位吸引消费者，尤其是出境游，到了目的地后又擅自增加娱乐项目，增加购物次数，以此来变相提价。

在合同中清楚约定双方权利、义务和违约责任。一旦消费者的权益受到侵害，依据合同能够得到赔偿。此外，要签订旅游意外保险合同，以做好风险防范。

✈ 赴英中国游客应注重旅行社资质

上海赴美旅游团发生车祸，在英国华人旅行社引起不小反响。一些专业人士提醒中国游客，出境旅游应注重海外旅行社的资质。

由于国内游客的欧美游启动没有几年，价格仍是中国游客首先考虑的因素，而正规旅行社通常有成本压力，如果一味压低价格，服务质量可想而知。

英国的华人旅行社大多是相互打价格战，恶性竞争严重。在英国，注册成立旅行社与成立其他公司一样，只要不办理机票业务，则没有统一要求。因此，不少人认为旅行社技术含量不高，人人可以经营，甚至有的开着夫妻店就打起旅行社招牌。

在英国，旅行社若想获得英国旅游局认可必须具备一些基本行业条件，如须有 3 年以上经营经验，并有良好业绩和口碑等。如果国内公司操作规范，选择海外有资质的华人旅行社，则能避免许多不必要的麻烦和损失。

英国本地租车公司对司机有严格规定，如 17 座以上大巴司机出车必须有车速里程记录仪，记录汽车的起始和终点、公里数、行车时间和速度，并将记录表每月定期上缴公司审核。长途汽车司机每行驶 4 小时必须休息 45 分钟，否则属违法驾驶。即使华人旅行社额外付钱让此类大巴司机超时驾驶，也会遭到这些司机的拒绝。

但是，一些低成本运营的华人旅行社由于接待的团队人数不多，因此很少租用这种大巴。临时雇佣的司机为满足随机要求往往会超时驾驶，导致疲劳驾车，存在很大安全隐患。

中国人大多使用当地华人旅行社，行程排得很满，这在来英国的国际游客中相当罕见。当然，华人旅行社让中国游客有信任感，加之它们了解中国文化传统、饮食习惯，而且办事灵活，受到团体游客欢迎可以理解，但此类旅行社在英国整个旅游市场中处于低端，利润也低。

来英国旅行的中国人应该了解，英国的旅游保险要求与申根国家有很大不同。在英国，虽然也要求海外游客申请签证时必须提供保险证明，但由于游客出现事故时可以免费在医院挂急诊，因此英国没有对入境游客的保险额度或保障范围作出硬性规定，便可以发放签证。

申根国家对旅游保险的要求更加严格。海外游客办申根签证除必须提供保险证明外，还须明确最低保险额度，甚至还要办理整个旅游期限的保险。因此，在欧洲大陆旅行的中国人如果被偷抢，能根据各自的保险条款得到相应赔付。而在英国，除非游客事先购买相关保险，否则只能自认倒霉。游客必须根据不同国家的不同规定安排好保险事宜，以备不测。

✈ 出入境携带药品要谨慎

出门在外，健康第一，考虑到国外购买药品不方便等因素，游客在出国时多多少少会携带些药品，但很多国家对药品都有严格规定。

1. 携带药品要适量

无论是出游东南亚国家，还是澳洲、欧美等大部分国家，入境海关都会对药品进行检查。大部分国家都允许游客随身带进有限数量的药品，但须符合某些条件。

澳大利亚、新西兰不允许游客携带中药材，西药也要根据逗留时间，计算好剂量。如确实要多带的，需出示医生处方，并应与处方相符，如果没有充分的证明材料，如澳大利亚、新西兰等部分对药品入境检查非常严格的国家，可能会遭遇原机遣返。

由游客带进但没有使用的药品应在离开澳大利亚时带出境。一般来说，可带进澳大利亚的最高数量为可供 3 个月使用的药品。药品应存放在原配发或提供的容器内。需要携带禁止物质的访客应检查有关进口许可要求并随身携带医生所写的信件。访客不可事先通过邮局或作为不随行物品邮寄药品。

2. 药品标签和说明要完整

美国、加拿大等国入境时，对药品的标识要求尤为严格。加拿大入境检查要求游客携带的药品必须带有原始的标签及使用说明，以及开药的处方。

如果一定要带特殊药品入美国，入境前必须在美国大使馆提交申请，并获取准许证，才可以入境。携带药品如含可导致上瘾的麻醉成分，须附有明确的标记。而且只能携带你通常需要的剂量，同时也需要携带医生的处方或说明。在新加坡，携入的药品必须是新加坡法律所许可的项目，特别是安眠药、镇定剂要有医师处方，以证明该药品为旅客的随身必备药物。

3. 禁止携带的药品

大部分国家海关都会列明受管制的药品，游客出游该国之前需要提前了解清楚，以免造成不必要的误会和不愉快。

欧洲方面没有特别严格的药品管制规定，但是在澳洲，一些感冒类的胶囊药物是不能携带入境的，因为里面含有可提取制造软性毒品的"盐酸伪麻黄碱"。带进澳大利亚的药品受到严格的控制并应在抵澳时通过使用行李厅的红色通道出口进行申报。对麻醉剂、安非太明、巴比土酸盐、镇静剂、生长激素、蛋白合成和雄激素类固醇及红细胞生成素（简称 EPO）等含有禁止物质的产品需有进口许可证。有些药品也许还需要接受检疫检查。含有人和动物血源成分的药品和含有来自受保护物种成分的传统药品有特别的进口要求或限制。

东南亚的大部分旅游目的国如日本、泰国、新加坡都严格禁止携带鸦片、吗啡、海洛因、大麻以及其他能够使人成瘾的麻醉药品、精神药物药品入境。而海洛因、吗啡、可卡因、大麻安非他明、巴比妥酸盐和 LSD 等药品也是欧洲大部分国家的受管制药品。

温馨提示

来自外交部官方网站的消息称，由于以携带药品名义走私毒品的案件时有发生，近年来，阿联酋当局严厉禁止外国人超量携带"去痛片"等药品入境。

鉴于此，再次提醒游客：出境旅行千万不要轻易为别人携带药品，因为你根本无法鉴别携带的药品中有没有危险的成分。携带药品切勿超量，更不要违反当地法律进行倒卖；此外，应注意备妥有关药品成分的英文说明、医生处方及购药发票等，以免入境时遇到不必要的麻烦。

🛩 出游宝典：入住欧洲酒店常识

1. 欧洲的酒店习惯上不提供牙具和拖鞋，请自备；欧洲国家电压大多为 220 伏（西班牙为 110 伏），各国电源插座与国内不同，可提前购买好欧式转换插头。有的客房备有吹风机、电热水杯。

2. 房间内没有热开水供应，自来水可以直接饮用。可在用餐时多饮热水，但不要忘了对服务员说声"谢谢"或"Thankyou！"。也可自己携带小的电热水杯使用。

3. 在酒店内打电话、洗衣服、饮用房间冰箱或吧台饮料、酒水、食品，都需到酒店前台自行付款，此类费用未包含在团费里，请在退房前提前到酒店前台结账。

4. 有的酒店设有收费电视"PayTV"，使用前请了解清楚付费办法再使用。

5. 请爱护酒店设施，如有损坏，需要个人赔偿。洗浴时请将浴帘底襟拉入浴缸内侧，如果不小心"水漫金山"，湿及房间地毯，也是要赔偿的；请勿将洗涤衣物挂在窗外或是阳台上。

6. 在房间抽烟，烟灰和烟头不能丢在地毯上，弄脏或烧坏地毯要加倍赔偿。

7. 欧洲酒店的电梯里"一层"在法国为"R"，德国为"E"，多数国家为"G"，电梯里的"1"实际上是我国酒店的"二层"。国外酒店一般不如我国酒店豪华，大堂、餐厅、电梯、房间很小，服务员也很少，健身、娱乐设施不很齐备。

🛩 自驾出游如何理赔，专家为您解疑惑

时下，自驾游成为市民最推崇的出游方式。不过，在享受快乐的同时，安全出行也成了一个焦点话题。据统计，每年的

春节大假之后，都会有一个保险理赔小高峰。那么，在自驾后，出险了如何理赔？车主在自驾过程中应注意哪些问题？商众车险专家接下来为您解答这些疑问。

1. 扩大损失保险不赔

张小姐春节携一家到海螺沟游玩，途中不小心碰到底盘，造成半轴损坏，张小姐当即向保险公司报案，可是报案后张小姐并没有根据保险公司的要求采取相应措施急救或修理，她发现车辆仍可行驶，于是继续驾驶。可当张小姐修理时却发现由于半轴摩擦，造成左边轴承的损坏。保险公司告知张小姐，对于这种情况，他们只能赔付半轴，不赔付轴承。

专家提醒： 车辆在出险后，应采取相应的措施或及时修理，特别是在遇到会影响其他配件使用的情况时，可采取紧急救援拖车等补救措施，否则由此造成的扩大损失部分，保险公司不予理赔。

2. 超出行驶区域出险免赔

黄先生一家三口自驾车去香港，不料与其他车辆发生了擦挂，事后黄先生向保险公司索赔，遭到拒赔。原来，黄先生所投保的车险条款中规定行驶区域限于内地，不限于港、澳地区。

专家提醒： 车辆在保险公司投保时，保险合同上都会有关于限制行驶区域的条款和免赔条款，出了规定行驶区域，保险公司不予理赔。

3. 车辆抛锚勿私自处理

陈先生一家春节自驾到西昌旅游，途中发生了抛锚，情急之下陈先生请过往的车辆帮忙拖车，可是在拖车时因对方操作不当，而造成车辆更大的损失，事后黄先生找到保险公司索赔，遭到拒赔。

专家提醒： 车辆抛锚后车主应迅速报案，由保险公司委托专业的汽车拖救公司救险。万一在拖救过程中发生事故，可由专业施救公司承担相应责任。但如果车主私自解决，可能发生二次事故甚至翻车，这类损失保险公司是不赔的。

另外，如果您选择一家专业保险代理公司，将会为您提供更多的代办理赔服务，商众车险为您提供 24 小时紧急救援，以及理赔法律援助，让您出游一路放心。

◥ 境外游莫忘买保险

出境旅游应该选择什么样的保险产品？如何获得合适的保险利益？购买多少保额才算合理？

参照签证要求、了解旅行地医疗水平、选择长短合适的保险期限，是挑选境外旅游保险最基本的三个要素。

目前，市场上众多境外旅行保险产品基本都包括了境外紧急救援和紧急医疗保障、境外 24 小时热线服务等保险利益。这些都是普通的意外险或者人寿保险无法取代的功能。

消费者在购买境外旅游保险时一般会参照所去国家的签证要求。如果出游选择的是如法国、德国、意大利等申根国家，根据签证要求，所有的短期签证申请者必须在递交签证申请材料时购买境外医疗保险，证明可承担国外住院费用及遣返费用，医疗保险金额不得低于 30 万元（即 3 万欧元）。

对于一些没有强制规定的国家，消费者在选择保额时要充分考虑境外旅行地的医疗消费水平。例如，去美国、新加坡、日本等医药费较高的国家，医疗险的保额不要低于 20 万元；去泰国、马来西亚等亚洲国家，行程较短、消费较低，医疗险的保额为 10 万元。

此外，投保人在购买境外旅游保险时也要充分考虑产品的保障期限。游客应当按自己的旅游行程，根据所需保额和天数投保，为自己选择一份量身定做的保单。

保险业专家提醒消费者，在购买境外旅游保险时，要充分考虑到自己的需求，不能仅凭价格作决定。一般保费价格越高，保险利益会越丰富一些。中德安联负责人表示，各险种的主要区别在于紧急援助中是否提供医药费垫付，这直接影响了保费高低。

此外，自由行的游客通常会购买个人旅游险，参加旅行社和单位旅游的游客主要购买团体旅游险。不过，与个人单独购买相比，团体购买境外旅游团险更能享受到价格优惠。一些保险公司推出的团体境外旅游保险产品，不但提供满足申根签证需求的"环球保障计划"，还特别针对中国的境外旅游偏好，开发了亚太行、东南亚行和港澳台行 3 条线路的保险计划及不同地区的费率计算，真正做到度身定做。

另外，根据中国保监会规定，旅游团体保险可以通过旅行社、公司、工会等团体的单位进行购买，团险投保人数须在 5 人以上。也就是说，购买团体境外游保险产品是消费者组团出游的最佳选择。至于个人商务出行或者个人自由行游客，个人境外游保险仍是首选。

老人出游做足准备

老年人的出游热情日渐高涨，一些价格相对低廉的老年团队线路在悄然升温。业内专家提醒，老年人出行要做好各方面的准备，特别是要加强维权意识。

1. 结伴而行彼此照应

老年人出游最好结伴而行，可邀约小区内经常一起活动或单位里的老年朋友共同出游，彼此熟悉情况，可以互相照顾。

另外，最好选择口碑较好的旅行社所推出的专业旅行服务，这种服务会考虑得更加详尽和周全。

2. 出发前应检查身体

老年人出游前首先必须对自己的身体情况有清晰了解，高血压、冠心病、癫痫等慢性疾病患者最好不要出游，更不能对旅行社隐瞒病史；出游的老年慢性病患者应带齐药物，并事先告知领队和团友，以防不测。

3. 购买保险以防万一

旅游保险分强制投保的旅行社责任险及游客自愿购买的意外伤害险。对于老年团队来说，休闲的线路安排、有经验的领队、随队医生三者缺一不可。最重要的是，必须购买意外伤害险。

4. 谨慎购物避免上当

老年人出行得特别留意旅行中可能出现的购物陷阱，在旅游购物点购买土产、药材等的时候要小心假冒伪劣产品以及价格陷阱。

一些专业人士建议，老年人购买土特产时，最好到信誉比较好的大超市进行购买，以免上当受骗。尤其需要提醒的是，购买珠宝的时候要索要发票等一些手续，以免上当。一旦发现问题，应及时向旅行社反映，并向当地旅游主管部门投诉。

5. 了解天气，适可而行

此外，老年人出游前必须对旅游目的地的天气情况作详细了解，如果目的地过冷或过热，老人应该从健康角度出发，千万不可"逞强"或强迫自己出行，要根据自己的身体状况适可而行。

"非法一日游"骗术揭秘

"便宜了，一元一张地图！"在北京公交、地铁和火车站附近，经常有人叫卖低价地图。这种地图上背后印满了各种旅行社"一日游"广告。北京旅游执法大队有关人士告诉记者，地图出版社正规地图在4元左右，低于这个价格可能就是"山寨地图"。正规地图背后根本不印刷旅行社广告，正规旅行社也不在地图上面打广告。而假地图却是以冒用正规旅行社在背面印制广告为主。

另外，一些"非法一日游"会在公交车站竖起假站牌，上面写着"长城十三陵一日游"几点发车等信息，除了外地客，一些本地市民也经常上当。这些假站牌外形具有欺骗性，而正规一日游根本不设等车的站牌。

"非法一日游"最普遍的招数是低价，有些甚至以低于百元的价格在旅游集散中心门前揽客。

黑导游在诱骗游客上车后，并不按照约定旅游路线进行游览，而是压缩旅游景点游览时间，强迫游客在其指定购物场所进行购物。承诺的景点多数都是在车上匆匆掠过。

"非法一日游"介绍的购物点常常诱骗游客购买高价商品以获取暴利，或者以游览北京寺院为由，诱骗游客高价上香、测字。

更有"黑导游"中途以自费项目形式二次收取费用，并以甩客为要挟，迫使游客再次支付较高费用。

丽江旅游防骗基本常识

丽江是世界著名的旅游城市，旅游资源相当丰富，每天均有来自全国各地及世界各地的游客慕名而来。旅游业是丽江的支柱产业之一，丽江旅游业很发达，也是竞争性很强的一个行业，有许多的酒店饭店、旅游设施、国外国内旅行社以及旅游相关从业人员。对于初次来丽江旅游游客来说被骗后都后悔不已，缺乏丽江旅游基本常识。选择什么样的从业人员来为自己服务，预防上当受骗，也是游客经常碰到的一个问题，为此笔者编写以下防骗常识介绍给大家，给大家支招在丽江旅游如何防骗。

1. 当心机场和车站尤其是古城口的"野马导游"，拉客人员。丽江车站机场等旅客集散地聚集了大量身份不明的打着各式各样招牌的人员，有出售车票的，也有拉到古城旅馆住宿的，还有的拉人去参加旅游的，他们肯定不具有合法的资格，但他们大都具有非常强的察言观色的本领，能投其所好，又能言善辩，先是以高价出售，如果不行，又以超低价进行诱骗，只要一旦得逞，立即倒卖客源，转眼就找不到人。其实，这里面有很多问题，既然他们既然能亏本低价接，自然就有宰客的办法。

2. 当心出租车的陷阱。有部分出租车或丽江当地的黑车守候在飞机场以及一些大的宾馆酒店周围，守株待兔，用一些花言巧语骗取游客的信任，以介绍住宿、介绍客人地方风味餐馆就餐、以及介绍客人去旅游的方式，赚取高额的非法回扣。其中以跟随丽江黑车出租车司机去参加旅游风险最大，低价诱骗至文峰寺或周边寺庙给所谓的高僧捐钱建寺庙或者开光珠宝，算命看相之类，而且一旦上当发现上当受骗，将投诉无门。因为黑车司机会辩称"是应客人的要求"而带客人去的。

3. 便宜没有好货。在住宿预订以及旅游安排方面，出租车或黑车司机和正规客栈相比毫无优势。他们所能介绍的无非的低价值的人工景观项目、没有旅游资质和安全保障的交通车辆。

网络上介绍丽江旅游的网站也很多，相同的线路、景点报价也是五花八门的，究竟是为什么呢？旅游者在网上选择旅游路线时，应仔细查看行程中具体的景点项目，以及行程中的景点项目门票是否包含在线路价格之内。有的网站虽然在行程中标明了很多内容，但是却在不显眼的地方才标明价格实际上包含的景点门票。客栈的价格也是一样，很多客栈标出 30 元或者 40 元的豪华标间，一般都是有问题的房间，比如没有窗户或者是阴暗的房间，住的时候一定不要贪图房间价格便宜，首先考虑的应该是安全问题。

4. 看丽江旅行社或俱乐部资质。到丽江旅游报团的客人要注意旅行社分为不同类型其中包括俱乐部。俱乐部或国内社，标明了经营的范围。一般到丽江不用报团，地方不大。景点相对集中，推荐到客栈结伴包车或者就是自己坐客运站的班车。

5. 警惕丽江景区的闲散人员。丽江景点有些闲散人员会主动跑过来问你要不要帮忙拍合影，如果你把手中的相机教给了他们，按照他的要求，远点、远点、再远点。等你发现足够远的时候，他撒腿就从小路溜跑了，想追也很难，毕竟人家是专门策划设计过逃跑路线的，等你拨通 110 警察再赶到现场估计天都黑了。

6. 丽江娱乐场所的艳遇谎言。无论是真艳遇或是假艳遇，在旅途中都同样是的高风险的事。提防有心的骗徒摇身一变为浪漫的异国情人，一夜风流或俪影成双几天之后人财两失！对旅途中的异国恋情有过多的期待和幻想，就算旅途有缘认识新朋友也不要急于发展，好好保护自己才是最重要的，高风险的艳遇不遇也罢！切记入乡随俗，丽江有些庙宇是谢绝女访客的，没征得管理人同意，请不要擅自闯入，不要穿着暴露进入寺庙破坏了当地人的信仰，因此必须尊重他们避免和少数民族的冲突，以免带来不便或引来不友善的目光。

凤凰古城购物的六大防骗实招

在旅游过程中，不少游客因地生人不熟，常被一些购物骗术蒙蔽，或让你买进高价假货，或被纠缠得头昏脑涨，使钱财受损，游兴大减。在凤凰古城也发送过类似的事情，如果你早有些心理准备，加以提防，骗术也许在你身上就会失灵无效了，下面一起来看看凤凰自游人为您精心准备的"凤凰古城购物时可用到的六大防骗实招"：

第一招：不买不问。如果你看到某旅游产品而暂时不想买，那就不要开口。只要你一开口问价，出售者就会不厌其烦地给你介绍其产品如何质优、如何价廉、如何独此一家、如何保退保换等，足可让你在晕头转向中买下来。

第二招：摇头说"不"。对于每个旅游地本地的那些"拉客"的、贩卖商、街头卖艺人等非常管用，自己不喜欢切忌与他纠缠。

第三招：不懂不买。不管你人是怎么的"精"，行行出状元，对于贵重自己喜欢的东西，出手时务必小心谨慎，不懂最好不要下手。

第四招：谨慎突然冒出来的"老乡"。老乡见老乡两眼泪汪汪有这样的人之常情，但凡旅游地冒出来的"老乡"你就得谨慎。"老乡"会讲这也好那也好，一旦顺他意走你就上当受骗了，所谓这些"老乡"都是"托"。

第五招：不参与"优惠活动"。凡旅游地路人或出租车司机请你去看什么"优惠表演"等，千万别去。一旦去了，被敲诈的几率很大。

第六招：不动手拿贵重物品，避免"碰瓷"纠纷。一旦动手拿过出现裂口或损坏，让你有口难辩只能赔偿。

认真看透以上几招，往后的旅游路上，遇到这种旅游防"骗"的问题你会轻松面对，纾解不必要的麻烦。凤凰古城自游人俱乐部祝大家旅途愉快！

专家为游客支招，破解五大旅游陷阱

随着旅游市场逐渐进入旺季一些旅游业从业人员不诚信行为屡屡发生，正在侵蚀着消费者对旅游业的信任。近日，根据近年来的投诉案件，南昌市旅游局公布了五大旅游陷阱，以提醒消费者维权，并为如何破解这些旅游陷阱支招。

陷阱 1　擅改合同景点缩水

"住三星级酒店，游览 12 个旅游景点，保证有足够的游览时间……"为了抓住客源，所有的旅行社都会口头承诺消费者可以享受到非常优质的服务。但实际上，在游览的过程中，一些旅行社却擅自更改合同，擅自减少景点或变更为收费便宜的景点或需要消费者掏钱的自费景点。

支招：不能轻信旅行社的广告和口头承诺，一定要签订旅游合同文本，把具体的旅行时间、路线、价格、交通工具、住宿和就餐标准及口头承诺的内容用书面形式予以确定，以便日后依法进行投诉。

陷阱 2　降低餐标宾馆降级

消费者与旅行社签订的旅游合同中，餐费内容主要是就餐的次数和每人每餐的费用标准，合计费用打入旅游总费中。但是，在实际旅游过程中，消费者的就餐费用往往就没有按照此标准执行，部分费用被旅行社或是导游"截流"了。同样，在住宿方面也如此："三星级"宾馆变成"准三星级"或者"等同三星级"，甚至把"二星级"宾馆直接变成招待所。

支招：在签订旅游合同时，不仅要明确写清就餐的次数、用餐标准，还要相互约定，在餐饮质量不好的情况下，消费者有权当即终止旅行社或导游的餐饮安排，要求退还餐费，自行解决就餐。住宿方面，在合同中一定要写清楚普通房、标准房还是星级房，星级房是几星级，有否挂牌。

陷阱3　低价引诱强迫消费

据介绍，有些旅游报价是明显的"零团费"。所谓"零团费"，就是地接旅行社从组团旅行社得到的接待费为零。为了弥补损失，旅行社必然降低旅游质量和吃、住标准，缩短旅游行程，增加购物时间和次数，增加自费项目。

支招：不以价格高低作为选择旅行社的首要条件。构成旅游价格不同的因素很多：交通工具、住宿饭店等级、餐饮标准、导游等级等。同时，在签订旅游合同的时候，一定要仔细敲定行程中的具体安排，明确行程安排和旅游价格，防止旅行社变相提价。

陷阱4　误导误购首饰假冒

根据投诉记录，近年来，消费者在旅游中因购物而上当受骗的投诉越来越多。导游带消费者去购物的地方多为虚高定价的商店，致使消费者在购物活动中上当的情况屡屡发生。其中，珠宝首饰类的商品为投诉热点。

支招：在旅游过程中购买珠宝饰品要慎重，尽量到当地正规的商场及专营店去购买，购买时要认清权威机构出具的鉴定证书，并索取发票、标识等相关凭证。如遇到超出合同约定范围的购物活动，有权拒绝参加，并保全相关证据，回来后及时向有关部门申诉或投诉，以维护自身的合法权益。

陷阱5　"资深导游"名实不符

有的旅行社宣称"由资深导游陪同"，然而实际上所谓的"资深导游"却经常迟到，态度傲慢。导游行业的门槛较低，导游素质也是参差不齐，一些导游缺乏责任意识和敬业精神，心思不是用在为消费者讲解上，而是用在如何劝说消费者购物上，其服务态度取决于消费者购物和自费游玩项目的消费情况。甚至有些导游以游客不遵守集合时间、自行掉队等借口把游客甩掉。每到旅游旺季，不少景区人满为患，各家旅行社原来预订的客房、车辆等得不到落实，一些素质不高的导游不但不处理问题，还趁机躲起来，使游客饱受折腾。

支招：在旅游时一定要找正规旅行社和正规导游，千万不要贪图便宜上了"黑导游"的当。正规的导游一定具有导游证，并要持证上岗。目前，我国大部分旅游城市导游都更换了由国家旅游局统一颁发的新版导游证，为IC卡形式，证的正面上方为中英文对照的"导游证"三个字，下部写有导游的等级、编号、姓名、语种等项目，中间为持证人近期免冠2寸正面照片。如果导游欺骗、强迫旅游者消费、诱导或是安排旅游者参加黄赌毒活动等，可向旅游主管部门举报，该导游将受到不予通过年审的惩罚。

此外，还要提醒游客，投诉时效为自事发当日起90天内，旅游投诉部门会针对消费者反映的问题对当事双方进行协调处理。而超过90天期限，就只能由消费者直接诉诸法律来解决。

旅游维权指南：防骗防宰学几招

旅游防骗第一招

谨防车站码头旅游串串：凡是旅游发达城市，都在旅客集散地聚集了大量身份不明的打着各式各样招牌的人员，有兜售车票的，也有拉旅馆住宿的，现在还有大量的拉人去参加旅游的，他们肯定不具有合法的资格，但他们大都具有非常强的察言观色的本领，能投其所好，又能言善辩，先是以高价出售，如果不行，又以超低价进行诱骗，只要一旦得逞，立即以更低的价格卖给一些旅行社，转瞬就找不到人。

旅游防骗第二招

仔细检查旅行社资质：这已是老生常谈了，但这确实至为关键：旅行社分为不同类型，目前中国将旅行社分为两类，不是像很多人所说的分为三类，一是"国际旅行社"，二是"国内旅行社"，而"国际旅行社"中又为分二类，一类是可以经营出境旅游，另一类是可以经营入境旅游及国内旅游。

那么"国内旅行社"又与"国际旅行社"有何差别？

首先"国内旅行社"只10万元保证金，面"国际旅行社"要交60万元保证金；

另外，说得通俗一点，"国内旅行社"不能接待除中国大陆以外的游客，比如港、澳、台同胞等，他们是不能接待的，游客也不能参加他们组织的旅游团队，很多游客忽视这一点，其实是很危险的，大的方面不说，单说游客自己的利益就得不到保障，比如，现在全国的旅行社必须实行责任保险这一点，而"国内旅行社"与"国际旅行社"投保的金额及范围是不一样的，如果大陆之外的人仕参加国内旅行社所组织的团队，一旦出事，由于"国内旅行社"的投保范围没有国外人仕这一条，所以您有可能根本得不到有效赔偿，即使按大陆人仕的金额进行赔偿，金额可差2～3倍之多，还不用说"国内旅行社"的经营方式能否满足国外人仕所要求的品质了。

旅游防骗第三招

检查旅行社是门市部还是总部：这一点同样重要，比如在四川成都，旅游业比较发达，但市场很混乱，从业人员多如牛毛，成都有旅行社 200 余家，但一些比较老牌的旅行社在当初市场刚形成之时，与全国其它大城市一样，采取承包的方式批发了大量的门市部，而总部与门市部的关系，只是交钱的关系，经营思想、经营方式等一概不问不管，而旅游局一时又难以找到办法治理，虽然出台了很多文件、政策、法规等进行制止，但至今没有好转。按国家政策，所有与总部不在一起的旅游部门只能是为总部接待游客，他们没有资格像旅行社一样进行操作。据四川省旅游局统计，成都市场上的旅游投诉 80% 出于这些违规操作的门市部，所以识别这些门市部就至关重要。

首先要看他们是否在显著位置悬挂营业执照，其次看有没有旅游局颁发的许可证，还有是否悬挂旅游局的投诉牌，千万不要看复印件，是否有旅游局监制的正规旅游合同，是否能出具正规发票，如果以上缺少一样，您最好先走为妙。

另外，还要看一下旅行社的营业设施是否齐全，办公室是否正规，从业人员是否正规等，这就要看您的眼力了。

旅游防骗第四招

记住各地旅游局的电话号码，对旅行社资质等问题不甚明了时，可以打电话咨询。

旅游防骗第五招

注意鉴别旅行社所承诺的宾馆的星级：很多非法的旅游门市部为了蒙骗游客，往往采取欺骗的手法承诺游客住几星级酒店，但当客人入住时才发现其实差别甚大，这里面除了有一些星级宾馆有很多不同类别的房之外，还往往由于其地理位置的差别，造成酒店价格的差别。很多来成都的游客，一下火车往往容易被骗住一家火车站附近的很有名的三星级酒店，并被许以很低的价格，有时甚至只需要 60 元就可以开一间房，这里面的秘密就在该酒店的低楼层房间很差，还不如一间普通的招待所，当然价格很低。旅游途中往往也会有很多类似的方式。

游客最好要求在旅游合同中写明酒店的名称及所住的是否是主楼等，并向一些相关机构咨询酒店的档次。比如在四川，九寨沟唯一一家五星级酒店，九寨沟国际酒店就有东楼，西楼之称，当然价格是有差别的。一般正规的旅行社这方面会做得比较好一些。

旅游防骗第六招

谨防价格陷阱：低价格当然是诱人的，正规旅行社也在追求以低的价格来争取更多的游客，但同时也要注意一些违规旅行社或旅游门市部以低价格诱骗游客参团之后，再以不正当的方式获得更多的非法利益，如增加购物，去黑店购物，降低档次，更换景点等，甚至携款潜逃。

如何区分正常的价格及低价格陷阱：多找几家正规旅行社进行比较，更主要是看性价比，及价格与质量的比值，而不单纯看价格，不合理的价格不可能得到合理的服务，这是市场经济的规律。

旅游防骗第七招

区分转团与买团：在当今旅游市场经济中，不同的旅行社进行不同的分工应该说是正常的，因为任何一家旅行社都不可能将市场的方方面面进行垄断，也没有实力每天都能获得足够多的客源针对数十条线路进行单独发团，指责旅行社的合理分工是不合情的，但这并不等于允许施行社可以随意的剥夺游客的选择权。

首先，游客要明白，您所参加的旅游团不能因为转团或并团就改变了您所报名的旅行社的责任，这家旅行社应该对您在旅游过程中的一切问题负责。

其次，转团或并团之后，旅行社对您的承诺不能改变，否则您有权投诉该旅行社。

最后，旅行社必须在签定旅游合同时告诉您是否转团或并团，并且转并团的旅行社名称也必须写进合同中。

旅游防骗第八招

注意购物陷阱：一般来说没有特别注明不购物的团队，都会安排购物，但购物要注意一下几点：

各地旅游局对旅游购物都有规定。比如四川省旅游局有明确规定，每天购物不超过一次，每次购物不超过 40 分钟，您可以此要求导游不要违反规定，否则有权投诉。

另外，导游带您进的购物点必须是旅游局认可的定点购物点（当然您自己要求进的商店、路边小店等除外），均应有明确的旅游局定点商店的招牌。

最重要的一点，任何人不能强迫您购物，不能强迫您消费，也不能诱骗您购物，一旦您发现您所购买的是假、冒、伪、劣商品，或质价不符商品，只要您能出据发票或证据，您均可要求退还或赔偿您的损失。

旅游防骗第九招

注意自费项目陷阱：旅游离不开消费，所以一般旅游团除了规定的必游项目之外，一般还会有自费项目，自费项目原则上只能游客自愿，不得强迫，所以您要仔细选择自费项目，千万不要落入自费项目的陷阱，因为有很多自费项目其实质价不符。

比如在四川旅游，比较正常的自费项目除了可选择正规的景点之外，一般有各地的烤羊篝火晚会，成都小吃、成都火锅、成都药膳、四川川剧、四川茶馆、泡温泉等，只要价格合理，一般是没什么问题的。

旅游防骗第十招

注意免费陷阱：为了吸引游客，很多非法旅行社或违规旅游部门会采取免费赠送某些景点等的方式来吸引游客，俗话说，世上没有免费的午餐，其实这些赠送要么是已经含在所收的旅游费中，要么就是另有陷阱，要特别注意。比如，在四川旅游前往九寨沟的途中有一嘎米寺，很多违规旅游部门以前都采取免赠送的方式送客人游览，其实进去之后，会以烧香敬佛的名义或购买商品的名义诈取游客很多的钱，如有不从，则会被假装的和尚诅咒甚至辱骂，这方面的投诉已多不胜数，现旅游局已取缔了这一参观景点，取缔时才发现里面的和尚都是当地农民装扮的，与非法旅行社联合起来欺骗游客，捞取好处。

盘点各种旅游相关保险

节假日一般是出游的高峰，在此为大家整理出了各保险公司与旅游有关的保险条款，大家出游前一定不要忘记买保险，尤其是出境游。

一般游客出游主要购买以下四种类型保险：

1. 旅客意外伤害保险，这类保险主要为游客在乘坐交通工具出行时提供风险防范服务，游客所购买的车票和船票金额中的5%是用来保险的。

2. 住宿游客人身保险，主要承担游客在宾馆住宿期间的人身意外事故。

3. 旅游人身意外伤害保险，承保您进入景区后至出景区这段时间出现的意外伤害。

4. 旅游求助保险，适合出境游的游客，是保险公司与国际救援中心联合推出的，游客一旦在旅游过程中遭遇险情都可以拨打电话获得无偿救助。

为了游客的人身安全更加有保障，出游前最好能够投保一份人身意外伤害保险，可附加医疗保险，可以弥补旅行中发生的其他不在旅行保险保障范围内的意外伤害情况。

教你报团旅游防骗24招

第1招 看旅行社资质。旅行社分为不同类型。国际社或国内社，标明了经营的范围。如果是出境旅游，一定要注意旅行社是否有出境游经营权。目前，国家批准的中国公民出境旅游目的地有：香港、澳门、新加坡、泰国、马来西亚、菲律宾、韩国、澳大利亚、新西兰。国家批准的具有出境旅游经营资格的主要旅行社有：中国国旅股份有限公司，及他们在北京、上海、广东、江苏、陕西、湖北、云南、福建、浙江等地的分支机构。

第2招 看旅行社行业背景，也就是旅行社所属公司是以经营旅游业为主，还是主营其它项目，旅游只是一个新拓展的领域。相比较而言，后者资历浅，投入精力不多，显然实力上稍逊一筹。

第3招 看旅行社的广告。此招最容易也最有效。广告构成了旅行社信誉度的重要部分，可以肯定地说，一个不做广告的旅行社是没有很好实力的。要仔细观察广告出现在什么等级的媒体上以及出现的频率、篇幅、位置或时段。这些都从一个侧面反映了旅行社的信誉和实力。

第 4 招 看推销人的气质。观察旅行社推销产品的员工是否训练有素，精明强干，即可对旅行社的情形推知一二。

第 5 招 看推销人的承诺。所有的推销人都会说自己的旅行产品如何出色。可一旦被置疑，来自不正规的旅行社的推销人常说"我们是朋友，我还能骗你吗"或是"我保证错不了"之类，听起来热乎乎可实际什么用都没有的个人名义保证。而正规公司的推销者会以自己旅行社以前的业绩来证明，例如说"我们于×年×月组织接待过×类的大团"等等。让事实说话，听着让人放心。

第 6 招 看旅行社宣传材料。印刷精美，内容翔实的宣传册或产品说明是旅行产品品质的重要表现，而几张简单的打印文件很难让人想念旅行产品的实现上能有好品质的保证。

第 7 招 记住各地旅游局的电话号码，对旅行社资质等问题不甚明了时，可以打电话咨询。

第 8 招 看旅行社是否提供选种表，行程表内容是否详尽。行程表就是旅行的日程安排，应包括住宿、用餐及景点几个方面，越详尽越好。一份出色的行程表甚至包括下榻酒店及用餐餐馆的电话，万一客人走散，可凭此及时与团队取得联系。另外，提供日程表越详尽，旅行社中途随意改动安排的可能性越小。

第 9 招 看行程安排是否合理。有些旅行社的行程看似诱人：国家多、城市多、安排紧凑。可实际上在途中浪费很多时间，甚至走回头路。例如某旅行社组织的北京到以色列再到南非，再返回以色列返回北京，14 天行程的旅行，仅飞行和在机场候机安检的时间就近 60 个小时，这样旅行下来，不仅是浮光掠影，而且人困马乏，更谈不上旅行观光的乐趣。

第 10 招　探讨景点细节。看行程表时不仅要注意节目和景点，是否符合自己兴趣，而且要看标注是否详细。如果行程上写"阿尔卑斯山滑雪一天"或"黄金海岸畅游半日"之类的话，可千万要小心。因为"阿尔卑斯山"和"黄金海岸"的范围很大，当地滑雪场或海滨浴场众多，它们的设施、管理、自然条件都相差颇多，享受的服务判别很大。遇到这种情况，一定要向旅行社询问滑雪场或浴场的具体名称及情况。虽然即使说了旅行者也未必知道，可如果旅行社说不出，这里面一定有问题。如果说出名字，请一定记下，日后看看是否相符。另外，在向别家旅行社咨询时，可以顺便问一问该场所如何，竞争对手常常会说出实情。

第 11 招　明确哪些游乐项目已饮食在团费之内，哪些需要自理。弄清门标是只包含每一道门票，还是全部。例如，到某海滨旅行，游泳是不收费的，而潜水、滑水、乘快艇出海等是均需自理的。可旅行社行程上只写"下午 1 时至 4 时，在 X 浴场游泳、滑水、乘快艇"。这就很容易令人误解。因此，行前一定问清，以免日后纠纷。

第 12 招　问清用餐标准。民以食为天，出门在外，吃的好坏，关系重大。事先问清餐标，一是估摸一下吃的好坏，二是如果途中旅行社因故未能安排餐食，退钱，也有个标准。另外，还要问清几菜几汤，几荤几素。如果是出国旅行，最好问明中餐还是当地餐。在国外，中餐通常较贵。

第 13 招　明确酒店的名称地点及星级。通常来说像"入住北京王府饭店（五星级）或同级饭店"这样的写法比较规范。如果只写地点，或星级都可能有问题。有的旅行社行程上写住"三关口"，到当地后发现，此处是深山，连人家都没有。显然这是旅行社没有事先踩线，而是按地图臆想出来一家宾馆。

第 14 招 明确交通工具。不仅要明确是汽车、火车还飞机，对汽车还要了解是进口车，还是国产车，什么车型，因为这直接关系到旅途的舒适程度。如果是自驾车旅行，就更要对车的情况以及自己的权力义务了解清楚。

第 15 招 如果出国旅行，按规定可以凭做好签证的护照到当地中国银行兑换 2000 美金（仅指当年第一次出国旅行。）如果施行社绝口不提美金，出境前既不把护照给旅行者，也不提代旅者换美金，那就要小心了，一定要在行前将此事弄清。如果旅行社说按规定只可换 1000 美元，那肯定其中有诈。

第 16 招 看是否有全陪。通常旅行团人数超过 15 人，组团的旅行社就应派全程陪同。以保证从一地至另一地的旅游可以顺利衔接，旅途中发生问题能得以及时解决。

第 17 招 在旅行中导游在原规定的行程之外临时增加节目时，旅行者首先要确定自己是否对此感兴趣，然后要问明此项安排是否要另付费用，最后还要了解清楚新的安排会不会影响下一个景点的参观。只要以上任何一项，旅行者觉得不妥，就可以勇敢地说"不"，拒绝新的安排。

第 18 招 遇到导游减少景点的情况。旅行者要记住每一个景点你都是付了费的，即使没有门票，你也付了交通费，付了费而没有得到相应的服务，理应要求退钱，甚至投诉赔偿。当然，因为自己不去和不可抗力因素而取消景点不在其中。

第 19 招 对购物不感兴趣，导游却不断带团进商店，行之有效的对策就是坚决不买。如果所有团员都不感兴趣，可以向全陪和导游提出。

第 20 招 若确定想购物，但导游所引领的商店价格奇贵的话，不妨此处不买换一家商店再买。在香港和新加坡，旅游局都选择一些货真价实、价格公道的商店颁发标志，在这两地，认定红帆船和鱼尾狮两个标志没错的。

第 21 招　购买较贵重的物品时，应事先问明可否退换，以备货比三家后发现较大价格价格差异时退货。

第 22 招　对当地旅游景点的讲解介绍通常由旅游地接待社的导游（也称地陪）担任，如果导游不讲解，可直接告诉他，他将被投诉。因为团费当中包含导游费的。

第 23 招　保留好出发前签订的协议书，行程表以及旅行中旅行社违约或导游不负责任的证据，向旅行社的质量管理部门投诉。

第 24 招　如果旅行社的质量管理部门不能妥善解决问题，就向各省、市旅游局质量管理处投诉。

各地旅游投诉电话

附录一

北京执法大队 010 – 65150198

北京质监所 010 – 65130828

天津质监所 022 – 28359093

上海质监所 021 – 64393615

重庆质监所 023 – 63866315

河北质监所 022 – 85814239

山西质监所 0351 – 7325012

内蒙古质监所 0471 – 6282653

辽宁质监所 024 – 86230222

吉林质监所 0431 – 85653030

黑龙江质监所 0451 – 87010055

江苏质监所 025 – 83418185

浙江质监所 0571 – 85117419

安徽质监所 0551 – 2821763

福建质监所 0591 – 87535640

江西质监所 0791 – 6269965

山东质监所 0531 – 82963423

河南质监所 0371 – 65506775

湖北质监所 027 – 87124701
湖南质监所 0731 – 4717614
广东质监所 020 – 22386699
广西质监所 0771 – 5529315
海南质监所 0898 – 65358451
宁夏质监所 0951 – 6723298
贵州质监所 0851 – 6818436
西藏质监所 0891 – 6834193
云南质监所 0871 – 4608315
陕西质监所 029 – 85261437
甘肃质监所 0931 – 8826860
青海质监所 0971 – 6159841
新疆质监所 0991 – 8831902
四川执法总队 028 – 86657308

附录
二

旅游外出完全帮助手册

飞机篇

一、乘坐飞机须知

1. 早订机票、遵守时间。节假日期间，飞机票比较紧俏，所以还是早预订机票比较稳妥。订好机票后，务必在航空公司指定的时间内将机票购回，否则，座位会因超时而取消。另外，最好在所乘飞机起飞前 90 分钟到达机场办理乘机手续。

2. 误机后怎么办？误机后也不必慌张，在飞机起飞后的第二天中午 12 点前到有关部门办理误机确认后可改乘后续航班，免收误机费一次，未办理确认的或客票变更后误机的旅客如要继续旅行，要交付票价的 20% 的误机费。

3. 贵重物品应随身携带，现金、证券、首饰、古玩等贵重物品不要夹带在托运行李内。除了在办理托运手续时声明的价值外，如上述物品发生丢失和损坏，按民航有关法律条款只能按一般物品进行赔偿，这些物品还是作为随身携带物品或者手提行李带入客舱自行保管为好。

4. 特殊病症的患者怎么乘机？一般说来，行动不便的旅客可以乘机，并可以在订座时要求航空公司提供轮椅或担架服务，一些患有特殊病症的旅客最好不要乘坐飞机，如严重的心力衰竭、严重的中耳炎、近期患自发性气胸、近期内作过气胸造形的神经系统病症患者；大纵隔瘤、特大疝气肿、肠梗阻、头部损伤颅内压增高，颅骨骨折等，如果要乘机，必须在航班起飞前96小时由县、市或相当于这一级的医疗单位填写的"诊断证明书"，经医生签字，医院盖章并注明适合乘坐飞机方有效，重症患者在起飞前开此证明有效，除此之外，还须按规定填写有关乘机申请书。

5. 必须携带身份证明［身份证，户口（16岁以下无身份证的人）］，护照，如若身份证遗失或正在办理可凭户口所在地的派出所（含）以上的公共安全专家机关证明，不包括企事业单位的公共安全专家机关和保卫机关。如若在机场办理乘机手续的过程中遗失身份证件的可到机场公共安全专家分局打临时乘机证明，以上证明都必须一式两份以上（来回程过安全检查都要留下来备档），证明需要照片和乘机理由和时间。

6. 到机场后，大件行李需要托运（体积超过20×40×55厘米，重量超过5公斤）。办理乘机手续的同时办理托运，如果你家有宠物又舍不得留它一个人在家的话，那么也需要托运，而且还要去动植物检疫站办理你宠物的健康证明，还需要一个透气的、让它觉得舒服的箱子。

7. 接下来，就要通过安检了，在通过安检之前，请你自己检查一下自己所携带的箱包，看看里面是否有你不经意放进去不能随身携带的物品了，比如酒（白酒包装完好可以托运，啤酒不能携带），小刀（刀刃6cm以下含瑞士军刀可以托运），防卫器（不能携带），饮料（一人不能超过两瓶，一瓶500ml装，多余的托运），另外就是一些大家都知道的常识：比如易燃易爆，剧毒，管制刀具，G－U－N 弹药等等这些是不能带的。

8. 经过了安检你就可以在候机室里等候广播登机了，一定要听好自己的航班号和登机口不要上错了飞机。

9. 最后到了飞机上，美丽的空乘会提醒你关掉手机和一些电子产品，比如随身听，MP3 等等，最后，祝您旅途愉快。

二、乘坐飞机注意事项

1. 飞机违禁物：

（1）以下为违禁物品的例子：

（a）枪械，包括猎枪、气枪、牲口麻醉屠宰机、推膛式枪、信号枪、起步枪、弹药、复制或仿制枪械、弩；

（b）爆炸品，包括军用、商用或自制爆炸品、爆炸装置、雷管、催泪子弹、榴弹、地雷及其他爆炸物品、复制或仿制爆炸品或装置；

（c）原装或经改装可引致他人受伤的尖锐或有刀刃对象、弹簧折刀、重力弹簧折刀、短剑、匕首、阔头弯刀、其它真正或礼仪用的刀，不论其刀刃属何种长度或类型，包括有鞘的刀、短剑、小佩剑、剃刀、解剖刀、碎冰锥、剑、剑杖、内藏刀刃的雨伞、鱼叉、矛或箭；

（d）含有使人伤残物质的物品，包括催泪气体、梅斯催泪毒气及各类亚磷酸；

（e）高度易燃物质（例如汽油、打火机燃料等）；

（f）容量超过 500 毫升的气体容器及喷雾器；

（g）指节铜套、球棒、短棍及打谷用的连枷；

（2）以下是可携带的危险品和其规限：

（a）一只打火机或安全火柴［须随身携带］；

（b）药用或梳妆物品［每一单件净重少于 0.5 公升，总净

重少于 2 公升，非放射性，可有喷雾罐，如香水、喷发胶];

（c）产生热量的物品［如高热电灯，其能源装置须拆下作随身行李携带];

（d）电池［终端须绝缘以防止短路生火];

（e）电动轮椅、干冰、体育运动用弹药须特别处理及获航空公司准许。

（3）可携带之物品例子：

（a）6 厘米长度以下指甲夹（不包括锉刀）;

（b）圆头剪刀及刀锋不超过 5 厘米;

（c）圆头指甲锉等等。

2. 行李限制：

（1）手提行李尺吋：

手提行李的尺吋为 22 吋 × 14 吋 × 9 吋或 56 厘米 × 36 厘米 × 23 厘米。

（2）乘客可免费携带的过磅行李

现行两个制度：

（a）以件数计算的制度此制度适用于往返美国或加拿大的乘客。一般来说，乘客可免费携带两件过磅行李，但每件行李的重量不可超过 32 公斤及大小不可超过规定体积（此规定体积视乎乘客有权乘坐的客位等级而定）。

（b）以重量计算的制度。此制度适用于往返其它地方（即美国及加拿大以外的地方）的乘客。一般来说，乘坐头等、商务及经济客位的乘客可免费携带的过磅行李的重量限制分别为 40、30 及 20 公斤。

有关个别航空公司对可免费携带行李的规定及超量行李收费的详细情形，请直接与有关航空公司联络。

三、办理乘机手续

1. 首先注意 100 座以下飞机开始办理乘机手续的时间不迟于起飞前 60 分钟、100 座以上飞机不迟于 90 分钟。为保证航班正点起飞，机场方面必须严格执行提前 30 分钟停止办理乘机手续的规定。

2. 购票。中国旅客购票，须出示本人《居民身份证》或其他有效身份证件，并填写《旅客定座单》；

外国旅客、华侨、港、澳、台胞购票，须出示有效护照、回乡证、台胞证、居留证、旅行证或公共安全专家机关出具的其他有效身份证件，并填写《旅客定座单》。

3. 登机。应在起飞时间前一个半小时到达机场，凭机票办理登记手续。机场在起飞前 30 分钟停办乘机手续。若误机客票作废。

您到达机场后，应先在行李检查处将您需托运的行李通过检查并贴上封条（家电、产品资料等不得按行李托运），然后在办理登机手续处凭机票交付托运行李，领取登机牌及交运行李凭证。

办完手续后，您便可通过安全检查，进候机厅休息，等候登机。

4. 退票。您若因故需退票，在飞机起飞前 24 小时办理，得交付您持机票票款 10% 的退票费，起飞前 24 小时之内至起飞前 2 小时之前办理，则要交付票款的 20% 的退票费；若在起飞前 2 小时以内则收取票款 50% 的退票费。飞机起飞，客票作废，不得退票。

四、飞行途中安全要求

1. 根据美国飞行安全专家整理出来的"10 大飞行安全守

则"，乘客们在安排飞行班机时，第一点要注意的就是"选择直飞班机"。统计数据指出，大部分空难都发生在起飞、下降、爬升或在跑道上滑行的时候，减少转机也就能避免碰到飞行意外。

2. 在选择飞机机型方面，应该选择至少 30 个座位以上的飞机。专家指出，飞机机体越大，受到国际安全检测标准也越多、越严，而在发生空难意外时，大型飞机上乘客的生存机率也相对较小飞机来得高。

3. 熟记起飞前的安全指示。飞行安全专家表示，各种不同机型的逃生门位置都有出入，乘客上了飞机之后，应该花几分钟仔细听清楚空服人员介绍的安全指示，如果碰到紧急情况，才不会手足无措。

4. 近来越来越多乘客为了节省等领行李的时间，喜欢把大件行李随身带上飞机，这却是不符合飞行安全的行为。飞行安全专家说，如果飞机遭遇乱流或在紧急事故发生时，座位上方的置物柜通常承受不住过重物件，许多乘客都是被掉落下来的行李砸伤头部甚至死亡。

5. 随时系紧安全带。在飞机翻覆或遭遇乱流时，系紧安全带能提供乘客更多一层的保护，不致于在机舱内四处碰撞。

6. 意外发生时，一定要听从空服人员的指示，毕竟空服人员在飞机上的首要任务，便是为了维护安全。

7. 不要携带危险物品上飞机，飞行安全专家说，乘客只要"动动大脑"，就知道像汽油罐这些东西，都不应该带上飞机。

8. 咖啡、热茶这些高温的饮料，都应该让受过专业训练的空服员为乘客服务，乘客自己拿这些高温液体的话，经常会发生烫伤意外。

9. 不要在飞机上喝太多的酒，由于机舱内的舱压与平地不同，过多酒精将使得乘客在紧急时刻应变能力减缓，丧失逃生的宝贵机会。

10. 随时保持警觉，飞行安全专家指出，意外发生时机上乘客应该保持冷静，在空服人员的指示下尽快离开。

五、迫降安全须知

乘客登机后，应该数一数自己的座位与出口之间隔着几排。这样，如果飞机失事，机舱内烟雾弥漫，也可以摸着椅背找到出口。

1. 阅读前排椅背上的安全须知。就算已经倒背如流，多看一遍也没坏处。

2. 飞机紧急迫降时，不要靠在位置上，应双手交叉防在前排座位上，头部则放在手上，在飞机着陆前，一直保持这个姿势。

3. 飞机停下后，尽快地走向安全出口，因为大火和有毒气体可能很快充满整个机舱。

4. 尽快离开出事地点，因为那里的环境对乘客的健康不利。

六、飞机旅行防病须知

1. 防晕机。晕机呕吐是平衡器官紊乱，身体适应较差的缘故，一般只要保持镇静，排除杂念，服些防晕车船药就会平安无事。如果知道自己可能会晕机，最好在登机前15分钟服药。

2. 防旧病突发：飞机起飞、降落、上升、下降、转弯、颠簸等飞行姿态的变化，以及飞机在穿越云层时光线明暗的快速变化，会刺激一些疾病发作。由血栓或出血引起的脑病患者，绝对不要乘飞机；重度脑震荡病人应有专科医生随行并采取有效防范措施；轻度脑震荡病人应随身带些止痛药；患有血管硬化症的老年人在登机前可服少量镇静剂，感冒流涕和鼻塞不通的病人最好不乘坐飞机，因为咽鼓管阻塞有鼓膜穿孔的危险。

3. 防航空性中耳炎预防的有效措施是张嘴和吞咽。张着嘴或一个劲地吞口水，当然也能起预防作用，但毕竟欠雅观。所以航班上一般都忘不了给每位旅客送一小包包装精美的糖果，这道理就在其中。嚼几粒糖果，或嚼几块口香糖使咽鼓管常开。嚼吃是预防航空性中耳炎的最有效办法，也是最令人轻松愉快的措施。若感觉症状仍未消除，可用拇指和食指捏住鼻子，闭紧嘴巴，用力呼气，让气流冲开咽鼓管进入中耳空气腔而消除耳闷、耳重、耳痛等症状。

火车篇

1. 尽量少带行李，如果非带不可，在候车时注意观察，有火车站的工作人员（一般穿蓝色衣服或者戴小红帽）组织提前上车的，一般价格是 5 元一人提前 5～30 分钟上车。即使 5 分钟，也是很关键的，那意味着行李架上的一个空位。

2. 除了行李，准备一个随身的小包，最好是腰包，装证件，重要的东西，现金。带点现金是很必要的，不过不必多，50 元足够，万一不幸被偷了也不会很难过。如果带了数码相机之类的，要么时刻盯紧了，要么装在行李箱里放在行李架上，那样反而不会引起别人注意。

3. 上车后多和周围的人交流，一来摸清周围人的基本情况，二来旅途漫长也好打发时间。上个厕所啥的还可以拜托周围的人给看下行李。重要包裹就随身携带吧。

4. 上厕所时千万注意，有无数的人在上厕所时把钱包、手表、钥匙、手机掉到小洞洞里。老车小洞洞是敞开的，掉了就丢了。

5. 如果坐硬座,建议随身携带食物、水、外套、报纸。食物最好不要买甜的,如蛋糕之类,火车上吃那东西特腻。水自己看着带吧,带少了不够喝,带多了上厕所,反正别指望车上的水。空调车晚上通常很冷,一定带个外套,稍微厚点的。万一车上没有座位,又站的很累了,就铺个报纸坐地下。即使有座位的也建议铺个报纸,把鞋子脱了,放脚。坐火车腿和脚会有一定程度的浮肿,穿着鞋到第二天会很难受。

6. 买到站票的,要挑人少的地方。因为旅游人多,走个路都是踩着人的胳膊腿过去的,所以不要想着窜来窜去找空位,一开始就挑好位置。实在挑不到位置的也没啥,大不了站回去。

那么车上的位置呢,最好的就是靠近卧铺车厢的那一节硬座车厢。列车员管理不是很严格的话,白天可以蹭到卧铺车厢去坐,晚上就待在车厢连接处。或者去餐车,交30块钱,可以在那里过夜。

7. 火车上的厕所,尤其是旅游期间的,要提前半个小时到一个小时去排队。一是人多,另一个原因是有些逃票的,站票的,会长时间躲在里面不出来。厕所虽然脏,其实是个好地方,开了窗户吹着风,站着也没人挤,是仅次于卧铺和餐车的好去处。

8. 坐卧铺的就没这么多顾虑了,注意晚上不要被空调吹到,图舒服的话带双拖鞋,就行了。

9. 如果您要托运,一定要到车站行李房去,不要轻易相信一些在广场上主动要求帮人托运行李的闲散人员。行李的托运范围指旅客自用的被褥、衣服,个人阅读的书籍、残疾人车和其他旅客必需品。行李中不得夹带货币、证券、珍贵文物、金银珠宝、档案材料等贵重物品和国家禁止、限制运输的物品和危险品。每件行李最大重量为50公斤,体积以适于装入行李车为限，但最小不得小于 0.01 立方米。

10. 携带物品应严格按照铁路部门的相关规定。危险物品切忌不要带上车，另外铁路不能判明性质的化工产品、动物及妨碍公共卫生（包括有恶臭等等异味）的物品，损坏或污染车辆的物品以及规格和重量超过《铁路旅客运输规程》规定的物品，一律不准带上车。

11. 带儿童出行要留心。随同成人旅行身高 1.1 米至 1.4 米的儿童，享受半票待遇，超过 1.4 米时应买全价票。免费乘车的儿童单独使用卧铺时，应购买全价卧铺票，有空调时还应购买半价空调票。带着儿童出行的旅客在上下车时，要随时照看好自己的孩子。

12. 卧铺换牌要及时。最后提醒一下持卧铺票的旅客，由于半个小时内列车员会过来给您换卧铺牌，所以上车后不要离开太久。如果您离开的时间超过 1 小时，铁路人员有权将您的铺位卖出去。

另：旅游火车特别提示

1. 根据自己的所在地。最好找有始发车的列车购票，因为这个买到有座位的车票的机会比较大，过路车的无座票最好不要买，因为你就是买到了车票也不一定上得了车。

2. 我相信大家很多不是第一次做火车，所以可以根据的所乘的列车人多还是人少自己判明好这次列车到底人多还是人少，一般来说热门车基本一年 365 天有 300 天都是超员状态，最好的就是避开这样的列车。最好按照时刻表上的列车买票，列车离你越近发车的越好。因为这样的人相对来说越少。

3. 旅游有个最大的特点，正班列车的人数往往大于临时客车的人数，很多旅客都是根据自己知道的列车买票，这样不好，只会把旅客积压在一趟列车上，所以请大家密切关注临时列车的开行，如果可以买到有座位的临时座位票又何苦去挤有时候根本没机会上去的正班列车呢？一般来说临时列车的上座率比正班列车小得多。

4. 这里是给短途旅客的一点建议，一般来说旅游来临，每趟列车肯定有不同程度的超员，更甚者你根本没机会上车，对于列车超员很多列车员的做法是保证旅客下车后干脆不开门，或者就开一个门缝，你与其这样不如选择汽车或者其他的交通工具，虽然贵了点，但我相信比你去坐火车安全，舒适的多。

5. 超员情况下，上了车的旅客尽可能的往车厢里面走，越中间越好，因为人都是两头上的。大家有种误区认为门口最舒服，其实门口的流动最大，说不定这个站你刚站稳，下个站开门以后，你也许连站的地方都没有了，所以在车厢中间找个比较固定的地方还是比较好的。

6. 因为列车超员，打开水和上厕所将是个很难的挑战．所以给大家的建议的少喝水，尽量自己购买水，列车上都是开水，人多的情况下，打开水怕烫着自己，烫了别人了就麻烦了。少喝水可以减少下厕所的次数。

7. 对老、病、孕、幼。这些重点旅客，大家能尽量买到卧铺就去买卧铺，一般来说，列车办公在列车中部，餐车靠硬座车旁边，我相信，你如果真正有困难，列车上一定会想办法解决的。

8. 大家上车以后尽量配合列车员的工作，我知道有许多人对列车的工作人员成见很大，但我相信列车员品德差的毕竟没有几个，绝大部分还是肯为大家办事的，我们一样愿意你们安全到达目的地．有很多大家不可以理解的地方也是我们工作性质决定的。

辨别真假火车票

目前假火车票一般有两种。一种是"挖补假票"，制假人员将失效票的车站名、票价和日期挖割下，分类贴上长途站的地点、金额、时间、铺位等，再用电熨斗熨平。另一种是"整版假票"，制假人员利用一张真票票面的图案及相关文字、数字等扫描至电脑，通过高清晰度彩色打印机打印出来，仿真度极高。

对于纸版式卡式车票，其票面无光泽，质地柔韧、不易断裂，票的四周切割断面不光滑。反之，如是假票，则票面有光泽，票的四周断面光滑整齐，容易折断，底纹图案不甚清晰，浓淡不均。手工制作的假票票上打孔日期的孔洞大小、间距不规范。另外，还须察看车票上打孔日期与车票背面上的坐签上日期是否相符，票面上倒、发站，票价等字迹有无涂改、挖补的痕迹，字迹有无浓淡不均等等。

首先，实行微机打印的新式"电子车票"，是采用特制的纸张，不仅质地柔韧、光滑，而且票面的水波纹线细密，若仔细辨认或稍作转换角度即可见"中国铁路"和"CR"等防伪隐形文字及字符，同时车票上印有条形码。

专家提供了几种识别假票的方法。一种是用放大镜细看票面的数字部分，如发现某些数字与其它字迹不相同或是有涂改过的痕迹，极有可能是假票；如果金额小数点后面仅有一个数字"0"，那一定是假票；票面被挖补处因在制假过程中被刮去一部分纸纤维，所以在阳光直射下略有些发白；此外，用放大镜或在灯光照射下如果看到票面上的车站名、票价、车次等处有裂缝，那也多半是假票。以上方法较适合于"挖补假票"的识别。

对于"整版假票"，首先可以通过手感识别，真票纸质较好，手感平顺、光滑，假票纸质厚薄不一，手感粗糙。同时，真票票面油墨在充足光线的照射下有柔和的光泽，且能看到防伪水印，而假票票面"中国铁路"标志以及背面的水印较为模糊，且手轻揉票面及数字时，油墨会沾在手上。

最重要的一条：目前火车票有个基本常识：火车票左面最上方的一组编码（譬如 10X092122 或 C090505），在票面最下方的条形编码数字组中，在第二组应体现上面显示编码，显示从字母开始的内容，譬如 X092122 或 C090505 显示在票面最下方条形编码第二组数字中。

火车购票小常识大集合

（一）车票和其他乘车凭证

1. 铁路车票的含义是什么？

铁路车票是旅客乘车的凭证同时也是旅客加入铁路旅客意外伤害强制保险的凭证。

2. 铁路车票票面应载明哪些内容？

铁路车票票面（特殊票种除外）主要应当载明：

（1）发站和到站站名；

（2）座别、卧别；

（3）径路；

（4）票价；

（5）车次；

（6）乘车日期；

（7）有效期。

3. 车票包括哪两部分？

车票中包括客票和附加票两部分。客票部分为软座、硬座。附加票部分为加快票、卧铺票、空调票。

附加票是客票的补充部分，除儿童外，不能单独使用。

4. 铁路调整票价时已售出的车票是否补收或退还票价差额？

车票票价为旅客乘车日的适用票价，铁路调整票价时，已售出的车票不再补收或退还票价差额。

（二）售票与购票

1. 旅客应在什么地方购买车票？

旅客应在铁路或销售代理处的售票处购买车票。在有运输能力的情况下，铁路或销售代理处应按购票人的要求发售车票。

2. 什么是联程票、往返票？

指旅客在购买票地能够买到换乘地或返回地带有席位、铺位号的车票。为方便旅客购票，铁路还开办了定期、定额等多种售票业务。

3. 旅客在乘车区间，需乘坐不同等级的列车怎么办？

旅客在乘车区间中，一段乘坐硬座车，一段乘坐市郊车、棚车（代用客车）时，全程购买硬座客票。如其中一段乘坐软座时，另收软座区间的软、硬座票价差额。

4. 怎样购买加快票？

旅客购买加快票必须有软座或硬座客票。发售加快票的到站，必须是所乘快车或特别快车的停车站。发售需要中转换车的加快票的中转换车的加快票的中转站，还必须是有同等的快车始发的车站。

5. 怎样购买卧铺票？

旅客购买卧铺必须有软座或硬座客票，乘坐快车还应有加快票。卧铺票的到站、座别必须与客票的到站、座别相同。中转换车时，卧铺票中发售到旅客换车站

6. 怎样乘坐空调列车？

旅客乘坐提供空调的列车时，应购买相应等级的车票或空

调票。旅客在全部旅途中分别乘坐空调车和普通车时，可发售全程普通硬座车票，对乘从空调车区段另行核收空调车与普通车的票价差额。

7. 什么是团体旅客？

20 人以上乘车日期、车次、到站、座别相同的旅客可作为团体旅客，铁路运输企业应优先安排，如填发代用票持票本人外，每人另发一张团体旅客证。

8. 在无人售票的乘降所上车怎么办？

在无人售票的乘降所上车的人员，可在列车内购票，不收手续费。

（三）儿童票

1. 购买儿童票的条件是什么？

随同成人旅行身高 1.1~1.4 米的儿童，享受半价客票、加快票和空调票，简称为儿童票超过 1.4 米时应买全价票。铁路承运人一般不接受儿童单独旅行（乘火车通学的学生和铁路部门同意在旅途中监扩的除外）。儿童票的座别应与成人车票相同，其到站不得远于成人车票的到站。

2. 每一成人旅客可以免费携带几名儿童？

每一成人旅客可以免费携带 1 名身高不足 1.1 米的儿童，超过 1 名时，超过的人数应买儿童票。

3. 免费乘车的儿童单独使用卧铺时怎么办？

免费乘车的儿兰单独使用卧铺时，应购买全价卧铺票有空调时还应购买半价空调票。

4. 怎样测量儿童的身高？

在售票空口、检票口、出站口、列车端门都涂有测量儿童身高的标准线，为测量儿童身高之用。但成人无论身高多少均应购买全价票。

（四）卧铺票

1. 旅客购买的卧铺票包括哪些内容？

旅客购买卧铺票必须有软座或硬座客票，乘坐快车时还应有加快票。卧铺票的到站、座别必须与客票的到站、座别相同。

2. 旅客需中转换车时怎样购买卧铺票？

旅客需中转换车，卧铺票只发售到旅客换车站。

3. 购买卧铺票的旅客在路途站上车时怎么办？

购买卧铺票的旅客在路途站上车时，应在买票时说明，售票员应在车票北面注明某某站上车。乘坐其他列车到中途站时，应另行购买发站至路途站的车票。

（五）站台票

1. 什么人员应买站台票？

到车站站台上迎送旅客的人员应买站台票。

2. 站台票的有效期是多少？

站台票当日使用一次有效。

3. 需经常进站接着旅客怎么办？

对经常进站接着旅客的单位，车站可以根据需要发售定期站台票。定期站台票可按实际需要分为季票或月票。季度站台票的式样和价格由国务院铁路主管部门统一制定。月度站台票式样和价格由铁路局自定，价格应不少于每天一次。

4. 什么人员进站可以不买站台票？

随同成人进站身高不足1米的儿童及特殊情况经车站同意进站人员可以不买站台票。未经车站同意无站台票进站时，加倍补收站台票款。

5. 暂停发售站台票由谁决定？

遇特殊情况，站长可以决定轶发售站台票。

（六）伤残军人半价票

1. 什么人员享受伤残军人半价票？

中国人民解放军和中国人民武装警察部队因伤致残的军人（简称伤残军人）凭革命伤残军人证"、因公致伤的人民警察凭人民警察伤残抚恤证"享受半价的软座、硬座客票和附加票。

2. 伤残军人证件由哪些部门签发？

"革命伤残军人证"和"人民警察伤残抚恤证"的式样，由中华人民共和国民政部颁发；现役伤残军人的"革命伤残军人证"由中国人民解放军总后勤部签发；"人民警察伤残抚恤证"和退役伤残军人的"革命伤残军人证"由各省、自治区、直辖市民政部门签发。

3. 持有其他抚恤证的人员是否享受伤残军人半价票？

持有其他抚恤证的人员，如革命工作人员残废证、参战民兵、民工残废证证等，均不能享受减价待遇。

（七）车票的有效期

1. 怎样计算车票的有效期？

客票的有效期按乘车里程计算：500千米以内为两日；超过500千米时，每增加1000千米增加一日，不足1000千米的毛数也按一日计算。市郊票的有效期由铁路运输企业自定。

2. 怎样计算附加票的有效期？

卧铺票按指定的乘车日期和车次使用有效，其他附加票随同客票使用有效。

3. 车票有效期的起止时间怎样计算？

各种车票的有效期人指定乘车日起至有效期最后一日的24时止计算。

4. 改签后的客票有效期怎样计算？

改签后的客票提前乘车时，有效期从实际乘车日起计算；

改晚乘车时，按原指定乘车日起计算。

5. 变更径路后的客票有效期怎样计算？

变更径路后的客票有效期按分歧站以后的里程重新计算。

6. 其他票各自的有效期怎样计算？

其他票各按票面规定的时间或要求计算有效期。

7. 遇有什么情况可以处长车票的有效期？

遇有下列情况可以处长车票的有效期：

（1）因列车满员、晚点、停运等原因，使旅客在规定的有效期内不能到达到站时，车站可视实际需要处长车票的有效期。处长日数从客票有效期终了的次日起计算。

（2）旅客因病，在客票有效期内，出具医疗单位证明或经车站证实时，可按医疗日数处长有效期，但最多不超过 10 天；卧铺票不办理延长，可办理退票手续；同行人同样办理。

（八）检票、验票和收票

1. 车站怎样检票？

车站对进出站的旅客和人员应检票，对持半价票和各种乘车证的旅客须核对相应的证件，经确认无误后打查验标记。

2. 列车怎样验票？

列车对乘车旅客应验票。列车门口验票由列车员负责，列车内的验票工作由列车长负责担任实施，由乘警、列车值班员等有关人员配合。验票原则上每 400 千米一次，运行全程不足 400 千米的列车应查验一次。特殊区段由开车长决定查验次数的增减。

铁路稽查人员凭稽查证件、佩带稽查臂章可以在列车内验票，铁路稽查招待任务时，应首先与列车长取得联系，特殊情况可先执行任务。列车长、乘警及其他列车工作人员对稽查的工作应予以配合。

3. 怎样处理已使用完毕的车票？

车站（到乘降所下车时为列车）对已使用完毕的车票应收回。旅客需要报销时，应事先声明，站、车将销角的车票交旅客作为报销凭证。

4. 学生票能报销吗？

学生票不能报销。如持学生票需要报销时，应补收全价票价与学生减价标价差额，并核收手续费。

丢了火车票怎么办？

如果你买到火车票，最好复印一下，或找张纸，记下你买的火车票的序列号，这是唯一的序列号，不会有重复的，你丢了火车票，正规的操作办法是去找铁路警察报案，出示复印件或你的火车票序列号，让民警给你出个证明，到退票窗口把号码告诉工作人员，让工作人员帮你留意一下。但这个时候你还需要新买一张火车票，如果有人捡到你丢的火车票，去退票，被工作人员发现后，会扣留火车票的，如果是在始发站开车前，车站会把火车票款退给你。但记住，你必须要找铁路警察报案，铁路警察立案后才可以，直接到退票处说你票丢了，人家不受理的。

火车退票须知

1. 旅游期间对退票严格控制，凡连续（票连号）退票硬座超过 5 张，卧铺超过 3 张以上的需要登记退票人姓名、身份证号码及退票票号，以备检查。

2. 旅游期间，旅客退票必须在距开车 6 小时前办理，退票费仍按铁道部《铁路客运运价规则》规定执行。

汽车篇

旅游期间 4 种车辆不要坐

1. 不要乘坐无证件、无牌照的车辆；

2. 不要乘坐无旅游证的车辆；

3. 不要乘坐超载、超速的车辆；

4. 不要乘坐人货混装的车辆。

如果乘坐了上述的车辆，一旦发生交通事故，乘车人除了受到车祸的伤害外，还要担负一定的事故责任。

等车时，应该在站台等候，不要在行车道上徘徊。上车时不争不抢，待车停稳当后，按先下后上的顺序，依次上车；不要将头、手伸出车外，以免被来往车辆挂伤；不要携带易燃易爆危险品上车。

如何防止晕车

1. 胃复安：胃复安 1 片，晕车严重时可服 2 片，儿童剂量酌减，于上车前 10~15 分钟吞服，可防晕车。行程 2 小时以上又出现晕车症状者，可再服 1 片。途中临时服药者应在服药后站立 15~20 分钟后坐下，以便药物吸收。此法有效率达 97%，且无其它晕车片引起的口干、头晕等副作用。

2. 鲜姜：行驶途中将鲜姜片拿在手里，随时放在鼻孔下面闻，使辛辣味吸入鼻中。也可将姜片贴在肚脐上，用伤湿止痛膏固定好。

3. 桔皮：乘车前 1 小时左右，将新鲜桔皮表面朝外，向内对折，然后对准两鼻孔两手指挤压，皮中便会喷射也带芳香味的油雾。可吸入 10 余次，乘车途中也照此法随时吸闻。

4. 风油精：乘车途中，将风油精搽于太阳穴或风池穴。亦可滴两滴风油精于肚脐眼处，并用伤湿止痛膏敷盖。

5. 食醋：乘车前喝一杯加醋的温开水，途中也不会晕车。

6. 伤湿止痛膏：乘车前取伤湿止痛膏贴于肚脐眼处，防止晕车疗效显著。

7. 指掐内关穴：当发生晕车时，可用大拇指掐在内关穴（内关穴在腕关节掌侧，腕横纹上约二横指，二筋之间）。

自驾车安全指南

1. 高速：上高速前应确认车况良好，并对照地图对沿途加油站、维修站以及道路出入口有详尽的了解；多车行进时保持跟车距离，尽量不要使用紧急制动；车辆有动作的话一定提前开启指示灯；非要停车不可的话要选择视野开阔的路段并同时开启双闪，在车后方竖立警示标牌；在入弯和进入隧道前提醒后车注意；随时监控剩余油量，不足时要提前加油；避免长时间车辆极限速度行驶，以免损伤发动机，车辆也应劳逸结合。

2. 山路：山路大多崎岖多弯，尤其会车时视野多有盲区，这就需要司机师傅们精神集中，提前减速、鸣笛、并严格按照公路限速驾驶，各行其道不越线；对于一些沙石沉降的路段应尽量靠车道内侧行驶；在通过隧道时一定要开启大灯，这不仅是让自己看清路况，更是让别的车能准确地判断你的位置。

3. 雨、雪、雾路况：遇到气候突变时最好不要动车，因为节日出游本来并不赶时间，安全才是最重要的，如果非要赶路那一定要开启雾灯、双闪、慢速前进，并可以借助地面的分道线行驶，超车时要鸣笛、交替变换远近光提醒周围车辆。

另外，停车安全也是很重要的。在外地夜间住宿停车时最好选择昼夜有专人看管的停车场；停车前关闭所有门窗，并开启警报装置；车停放时应保持车头向外，这样即使有入侵的人也比较容易被发现；停车前将车内音响的音量开到较大的位置，这样，不了解情况的人进入车内只要接通电源，音响就会突然发出巨响引起旁人的注意，同时也起到了威慑偷盗者的作用；尽量不要将车停在最外或最里面的车位，如果是爱车停在了比较偏僻又无人看守的停车场，可以采用拆掉某个火花塞或缸线的方法，让偷盗者无法顺利发动汽车。一旦发生丢车或爱车意外损坏等事件，应保护好现场立即报警，并同时通知保险公司等待解决方案。

自驾指南

近一两年自驾游成了时尚，私家车主习惯了在都市城区内行驶，一旦放飞心情还需要注意一些行驶中的技巧。下面我们向大家介绍一下自驾的驾驶技巧：

（1）下雪有哪些注意事项？

答：冬天里的落地雪是造成车祸最多的时候。

雪地平路要连续点刹，下坡路要用低挡，上坡路最好不要停，以防不能起步。正常行使可以适当拖挡（低速高挡），增加前进阻力。后轮左右甩时要向甩动方向打方向盘。

（2）遇见前面同方向有个大车（满载）不给你让路怎么办？

答：紧跟其后，找准机会，超过它。

（3）如果行驶在野外没油了怎么办？

答：拦一辆大车，从他的车里用管吸出几升油即可，90号油不要紧。不要拦小车，一般小车是不能抽油的。

（4）连续下山，刹车片过热引起制动不灵怎么办？

答：停下来，自然冷却。千万不要用水冷却。

（5）野外夜间行车有哪些注意事项？

答：如果是后半夜，会车时要连续变换远近光灯，提醒对方注意，对方有可能在打瞌睡。对方远光灯不关，一定要提前减速，预防同方向的拖拉机等不明物。

（6）山路弯道有哪些注意事项？

答：白天在山路弯道行使，一定要行驶在自己的车道（看不见对面的情况），高速下坡转弯时，一定要提前减速。

（7）野外临时停车注意些什么？

答：不要在转弯处，某一方向视线不好处，坡度大处，有可疑人逗留处，或者其他你感觉不稳当的地方停车。

（8）长时间开车（连续行使3小时以上），如何降低身体疲劳程度？

答：将驾驶座位向后调，最大限度为止，仰躺着开车，养成这个习惯（身材矮小者不宜）。

（9）下雨注意什么事项？

答：刚开始下的毛毛雨一定要注意，路滑，因为路面上有油污。路面聚积雨水过多时，不要加大油门冲水，以免影响制动和电气件进水，应低挡稳速行驶。

驾车出行必备

过春节了，笔者也会和您一样在行李舱里装满给亲朋好友的礼品，但如果您需要出远门走亲戚，也千万不要亏待了您的爱车，你给它的礼物会在紧要关头成为您的救命稻草。

1. 地图

虽然出游前你已经掌握了目的地的一些情况，但是地图是决不能忽视的。尽管用"嘴巴"问路很方便，可是关键时刻，地图才是不折不扣的指路明灯。即使你已经对目的地十分熟悉，偶尔参考一下，也会让人放心很多。要是想去的地方你不太熟悉，那么地图就是你不折不扣的拐杖了。

2. 各种证件

带上能够证明自己身份的证件，这其中的道理谁都明白，可是往往最清楚的就是最容易被忽视的。另外，还要带上有关车辆的"合法证明"，这是您顺利出行的前提，行驶证、驾驶证、养路费交纳凭证一个都不能少，即使是去离市区不远的郊区，也别忘记带养路费交纳凭证，不然碰上检查就太扫兴了。弄不好再额外破费就划不来了。驾驶证是每个驾驶员随身携带的，自不必说。

3. 随车工具

开车在外，特别是去离都市较远的地方，要做好各种应急准备，这时随车工具的作用就显得尤为重要了。在出门前一定要检查各种常用工具是否齐全，特别是千斤顶、拖车带、蓄电池搭接线、换胎扳手和补胎工具等，一定不能忘记。此外，还要在出发前检查备胎是否完好并且气足。

4. 应急工具

驾车旅游虽然我们都会十分小心，但是对意想不到的情况还是应该提前做好应急准备，突然的身体不适也随时有可能发生。最好准备好急救药箱、应急灯、指南针、警示牌、汽车救援卡等应急工具。

5. 通讯装置

对于普通人出游来讲，所谓的通讯装置就是指你的手机。手机一定要提前充足电，最好随身携带充足电的备用电池及充电器。手机的作用很明显，除了可以方便与家人、同游伙伴联络外，万一被困某地起码还可以拨打"110"来求救。如果是几车同时出游，每车准备一部功率稍大的对讲机也是有必要的。

6. 半袋细砂

如果您准备远距离旅行，我们建议在您的行李舱内准备半袋细砂，一方面增加了车重，有利于提升后轮的抓地性；另一方面，当车辆在野外打滑时能够派上用场。

轮船篇

轮船出行指南

轮船是比较安全的交通工具之一，如在春秋季节乘轮船旅行，可以饱览一望无际大海的美景。蓝色的海面、汹涌的波涛、翱翔的海鸥，确实令人心旷神怡。也有人担心乘船旅游不安全，我们提醒你不必过分恐惧，只要在旅行中注意以下事项，你就能平安地到达目的地。

（1）乘船旅行，要做好必要的准备，比如可以多备1~2件外衣，这是因为船在海上航行海风较大，温度较低，尤其是夜间温度会更低。

（2）乘船旅行和乘火车一样，严禁携带易燃易爆危险品，看到别人携带也要予以劝阻或反映给船上的服务人员，以确保全船人员的生命财产安全。

（3）登船后要尽快熟悉所乘舱位的周围环境。旅客登船后，在乘务人员的引导下很容易找到自己的舱位，然后把自己的行李妥善处理后，就应立即熟悉自己舱位周围的环境，重点是牢记通向甲板的安全通道，以便出现紧急情况能尽快疏散。

（4）要牢记救生衣、救生船、灭火器、灭火栓的所在位置及使用方法，以便一旦发生情况，能尽快使用。

（5）船在航行中遇到大的风浪，会出现颠簸，这时不必惊慌，要听从乘务人员指挥，不要乱跑乱闯、大声喧哗，以免引起全船人员的混乱，使船体失去平衡，造成不可预料的严重后果。尤其是乘较小船只的海上或江河上航行，更是应当注意这一点。

（6）如果发生局部失火、漏水或其他不安全迹象，应当尽快向乘务员报告，并立即采取补救措施。在搞不清情况前，不可大声喧哗，以免引起全船人不安或影响全船乘客休息。

（7）一旦发生沉船、撞船、火灾等事故，要在乘务人员指导下，和全船人员团结一致，沉着果断地采取有力措施，力争尽快排除险情。

（8）发生严重事故需要离船时，要发扬社会主义精神，互相帮助。要按照乘务人员的统一指挥，穿好救生衣，有秩序地乘救生船离开大船。千万不要你争我抢，乱作一团，那样会耽误宝贵的时间，使更多的人失去逃生的机会。

（9）发生事故后，每位旅客都要保持清醒的头脑，并始终要有战胜灾难的必胜信心，不可有任何畏惧、悲观情绪。这样不但使自己难以逃生，而且还会感染别人，动摇大家同困难作斗争的信心。我们注意到，那些大事故中有幸活着的人，多数都是那些在困难面前无所畏惧及勇于和死神搏斗的人。

（10）因事故逃离大船的人，要想方设法向周围过往船只发出求救信号，并要以坚强的毅力，等待救星的到来。

乘船时应注意以下安全事项

（1）乘船事故的主要原因是超载和缺乏救护设施，因此不要搭乘船吃水线明显低于水位或乘客拥挤的超载船只，不要坐缺乏救护设施、无证经营的小船。

（2）凭票乘船。不仅自己不夹带危险物品上船，还应主动配合站埠人员做好危险物品的查堵工作。若发现有人将危险物品带上船只，应督促其交给管理人员作妥善处理。

（3）上、下船时，一定要等船靠稳，待工作人员安置好上下船的跳板后再行动。上船后要听从管理人员的安排，并根据指示牌寻找自己的坐位。不拥挤，不随意攀爬船杆，不跨越船档，以免发生意外落水事故。

（4）客船航行时，不要在船上嬉闹；摄影时，不要紧靠船边，也不要站在甲板边缘向下看波浪，以防晕眩或失足落水。观景时切莫一窝蜂地拥向船的一侧，以防引起船体倾斜，发生意外。

（5）客舱内严禁卧床吸烟，严禁违章用火，勿过量饮酒。如发现有影响旅客和船舶安全的情况，应及时向船舶负责人报告。

（6）船行途中一旦发生意外事故，旅客应按工作人员的指示穿好船上配备的救生衣，不要慌张，更不要乱跑，以免影响客船的稳定性和抗风浪能力。

（7）若在航行途中遇到大雾、大风等恶劣天气临时停泊时，要静心等待，不要船员冒险开航，以免发生事故。

如何防止晕船

在乘船前不要吃得太饱，也不完全空腹，应适量吃些容易消化的食物。

座位要选择颠簸比较轻的位置，在船上应坐中部，心情要平静，不要紧张。

穿衣不宜过暖热，闷热易恶心。

经常晕车者，乘船时应备好一些防晕药物。如乘晕宁，眠尔通等。

此外，在乘船前喝加醋开水 1 小杯（或加生姜共煮），可减轻眩晕呕吐症状，亦可口含人丹数粒干吞下，慢慢溶服，用于头晕脑胀，胃肠不适，对晕车、船症效果较佳。

防盗防骗防抢篇

旅游防骗

（1）以查验车票等名义，骗取、调换旅客的车票。

（2）假称自己有熟人在铁路内部能买到车票，骗取旅客的票款。

（3）有的票贩子将已到站还未过有效期的中转签字票重新中转签字后卖给旅客，此种车票多数票面较旧，且已被剪口。

（4）日期、票价、到站、座别进行更改，使短途变长途，废票变成有效票，票价低的变成票价高的车票。

（5）以帮购买车票为诱饵，强行拉旅客住宿旅店，收取所谓的定票费；有的还以低价票冒充高价票，以短途冒充长途票。

（6）谎称车站售票房装修、整顿等原因不售票，借机向旅客高价出售车票。

（7）有的人装扮成购票者，和旅客套近乎，称"老乡"，取得旅客的信任后，以帮买车票、照看行李等手段，骗取旅客的票款和其他财物。

（8）利用旅客怕惹事的心理和身单力薄的情况，合伙行动，强行向旅客兜售车票或骗至站外实施诈骗甚至抢夺钱物。

（9）少数正规售票网点在出售车票时，以定票费等名义非法加收所谓服务费。

（10）以孕妇、哺乳期妇女或行动不便的假相，采取临时退票的骗术出现，兜售假票。

（11）乘旅客打盹睡觉之机，偷窃旅客携带的贵重物品。

（12）假装乐于助人，"看管"旅客行李物品。

（13）冒充热心人，唠家常，套出旅客家庭地址或者电话，向家人行骗。

（14）设诱饵（如丢包），在你所经之路放置钱物，以大家一起捡到钱物平分为由向旅客诈骗。

（15）在人多拥挤的地方，浑水摸鱼，窃取旅客财物。

（16）假冒军人旅客与真军人攀谈，取得信任，伺机盗取财物。

（17）冒充铁路职工带旅客进站上车，从中骗取或抢夺钱财。

（18）以老乡或工作人员身份取得旅客信任，将下车中转旅客带进黑旅店或抢夺钱财。

（19）以假手机换真手机骗取旅客钱财。

（20）谎称有办法，帮忙退票从中行骗。

防扒篇

交通工具上最容易发生的违法犯罪活动就是扒窃和诈骗。

防范措施：对于扒窃的防范，首先是将自己的贵重物品妥善保管，不要在车站或是车上将自己的物品委托给陌生人进行看护。火车或是长途汽车停靠站后，购物时一定要注意自己随身携带的财物，这时是扒手最容易下手的时候。乘坐公交车的乘客，不要将手机以及钱包等财物放在外套口袋中，应该放在贴身部位，同时在上下车人多拥挤时更要提高警惕。

在公共场所：人员密集的公共场所一般指商场、超市、市场等，这些地方最容易发生扒窃案件，其次为抢夺案件。

防范措施：扒窃在这些场所中最容易发生的几个地点为：入门处、购物中、交款时。将钱包、手机等贵重物品贴身携带，将书包斜挎在前面，手包不要随意放置，在人多的地方注意和周围人员保持距离，时刻警惕是否有同一个或是几个陌生的面孔经常出现在周围，进出门时提高警惕性。

防骗篇

凶信诈骗：此类案件多发生在长途汽车或是火车上。凶信诈骗常见的方法是在交通工具上，与一同乘坐的人员聊天。作案人在聊天中套出受害人的家庭住址、电话等隐私情况，然后给受害人家中拨打电话，称受害人在外出了车祸，住在某地某医院，自称是医院工作人员，要求向他提供的账号汇款，以便救人。

防范措施：在车上不要和陌生人提及自己的家庭情况，特别是家中的住址以及电话等私密情况。家中如果遇到自己亲人"出事"的消息，一定要进行全面的核实，不要轻信。

街头防骗：捡钱分钱是作案人惯用的手法，而且每次都有人上当，作案人往往利用人贪财的弱点得手。会有人将一个信封或是包裹抛到路人的脚下，等路人打开看见里面有一沓钱后，作案人便上前将其拉到偏僻处，要求二人平分。这时，另一作案人突然出现，说掉的钱是自己的，要求退还。此刻捡包的作案人则称没有捡到，并要求路人拿出自己的钱或银行卡以示清白。在此期间，两名作案人做手脚将受害人的钱调包。

防范措施：不要贪图便宜，遇到有人掉下包裹或是信封不要理会，当有人以此纠缠时，要及时报警。

防盗篇

街头防盗：目前特别多发的是撬砸汽车玻璃偷包案件。一般方法是作案人选定目标汽车后，采用特制工具钩开车门或用重物击碎汽车玻璃，将车中的皮包等物品窃走。

防范措施：自驾车出游，不要将贵重物品放置在汽车内以及后备厢中，应将汽车停入停车场。另外，现在出现一种专门针对女性司机的抢夺案件。作案人往往有好几名，而且各有分工，他们趁机动车在十字路口等待绿灯或是停靠路边等候之机，一人敲车窗，以告知发生事情为由吸引司机注意力，另一人则迅速打开放有手包等财物一侧的车门实施抢夺。针对这类案件最好的防范方法是在路口停车或是路边停靠时，将所有车门锁死。

居家防盗：空房入室盗窃案件最容易在节日期间发生，由于节日期间亲朋好友聚会多或外出旅游，容易出现家中没人的情况，于是作案人就会借机入室盗窃。爬阳台盗窃案件目前仍呈上升趋势，基本上都为流窜作案，容易发案的楼层为二楼到四楼之间。

防范措施：市民外出走亲访友时，如果家中无人，首先应该将门窗全部锁好，使用合格的防盗门，做好安全防护。另外，家中无人时，不要将现金和金银首饰等贵重物品放在家中。邻居间可以互相照顾，遇到可疑情况应该及时报警。也可安装护栏，在家中无人或是晚上睡觉时将阳台等地方的窗户关闭。

防抢篇

飞车抢夺：人们衣着单薄，佩戴的金银饰品均暴露在外，易成为作案分子选择的目标。据警方介绍，此类案件往往发生在傍晚时分，案犯为两人。他们共骑一辆摩托车，瞄准目标后，由坐在车后的男子用刀挑断被害人的项链并抢走。一般等被害人反应过来，摩托车已经逃离现场。

防范措施：如遇此类抢劫，最重要的就是看清车牌号码，及时报案。

尾随抢劫：这些案件具有以下特点，嫌疑人提前在银行观察事主取款的数量，当遇有事主提取大宗存款时，他们便会尾随事主，趁事主不备实施抢夺；嫌疑人选择作案对象以女性事主及年岁较大的男性事主居多。

防范措施：在存取款时，要留意身边是否有可疑人员。在取大额钱款时，最好两人以上同行，如果遇到不法分子作案，一定要注意犯罪嫌疑人的体貌特征。另外，开车来存取款的司机也要提高防范意识，一旦汽车轮胎被扎，应做到钱物不离身，以减少此类案件的发生。

旅游出行牢记以下五招，可以防止被盗

防范招数一：买票切记别露白

打算乘坐火车的乘客，最好事先了解所乘火车车票的大致价位，并提前准备好票款，不要与自己携带的钱款放在一起，以免给犯罪分子留下可乘之机。

防范招数二：上车谨防浑水摸鱼

现在有一些玩刀片的窃贼手法非常精准。隔着衣服就能将事主的钱偷个精光，而且还不伤皮肉。乘客乘车时，千万不要以为贵重物品贴身保管就能万无一失，警惕性时刻不能放松。在检票和上车时，人群一般比较拥挤，这时乘客最好把背包挂在胸前，这样会给窃贼下手增加不小的难度。

防范招数三：放置行李要防上架子

上车后，旅客要做的第一件事就是找座位，并把行李安放在头顶上方的行李架上，认为这样小偷就偷不了。由于头顶位置是人们视觉的盲区，窃贼们可以踩着凳子装作取自己的行李，

就把乘客的行李偷走了，这种偷窃手段他们称作"上架子"。因此在安放行李时，应把行李放在自己斜上方的架子上，视线能及才便于随时看管自己的行李。

防范招数四：休息时谨防抠死倒

火车行驶时，尤其是中午一两点钟和午夜12时到清晨6时这段时间，是窃贼们下手的最佳时间，人一入睡警惕性就会丧失，贼特别容易得手。乘客们最好在出门前保持充沛的体力。上车后，如果是单独出行尽量不要在车上睡觉，有同伴则可以轮流休息。

防范招数五：谈话中要防上托儿

窃贼下手时往往要分散乘客的注意力。他们通常的手段是"上托儿"，即找各种借口与乘客搭讪，或者吸引其注意力，设计一个圈套让事主往里钻，另一个同伴就会伺机将乘客的财物偷走。

窃贼火车作案七种常见手法

"挤车门儿"：贼一般拿着小包或者报纸作掩护，挤在上车人群中一手搭架子，一手从旅客身上偷走财物。

"抠死倒儿"：趁凌晨4时到5时之间旅客睡得特"死"的时候，"笨贼"用手拿钱包，"高手"爱玩刀片儿，专用一种锋利的单面金属刀片，割开旅客身上夹带着钞票的衣袋、腰包、皮带甚至内裤，将钱取走。

"吃衣帽钩儿"：旅客衣服挂在衣帽钩上，贼把自己的衣服盖在上面，然后找机会假借取衣服里的香烟，将下面旅客衣服内的财物偷走。

"抽芯儿"：贼把装有废报纸的空包塞在行李架上旅客旅行包之间，夜里趁人不注意，将旅客的小包放进自己的空包内，或者把旅客包内的财物抽出来放进自己包内。

"外撬"：贼在站台上等着夜行列车一停靠，就用撬棍把车窗撬开，用带钩子的竹竿把旅客的衣服和小旅行包"钩"走。

"吃卧铺"：被称为"玩大活儿"，是近年来新出现的一种盗窃方法。贼买卧铺票上车，盯好偷窃目标后，趁深夜时将睡觉旅客的旅行包偷走，然后换一件衣服躲进其他车厢伺机下车溜走。

"扒车顶"：也称"飞车贼"，这种方式技术含量极高，只有胆大、偷盗技术高的贼才敢玩。为防人赃俱获，"贼头"上车后用事先配好的钥匙打开车门，顺着梯子爬上车顶趴着等待，车内的同伙偷来财物后都交给"贼头"。等火车一减速进站时，"贼头"就拿着财物顺着厕所门进来，然后混进人群下车溜走。

突发事件应急及出行常识

随着旅游高峰期的来临。回家探亲访友及出游的人越来越多，在匆忙赶路的时候，要注意身体，不要让疾病"乘虚而入"。

饮食卫生注意事项

旅途中保持身体健康的首要问题就是时刻注意饮食卫生，防止"病从口入"。

1. 注意饮水卫生。一般来说，生水是不能饮用的，旅途饮水以开水和消毒净化过的自来水为最理想，其次是山泉和深井水，江、河、塘、湖水千万不能生饮。无合格水可饮时，可用瓜果代水。

2. 瓜果一定要洗净或去皮吃。吃瓜果一定要去皮。瓜果除了受农药污染处，在采摘与销售过程中也会受到病菌或寄生虫的污染。

3. 慎重对待每一餐，饥不择食要不得。高中档的饮食店一般可放心去吃，大排档的可有选择地吃，摊位或沿街摆卖（推车卖）的不要去吃。旅行中虽然饥肠辘辘的情况不少，但小摊小贩的食物不能去碰。如果饥不择食，则等于拿生命开玩笑。

4. 学会鉴别饮食店卫生是否合格。合格的一般标准应是：有卫生许可证，有清洁的水源，有消毒设备，食品原料新鲜，无蚊蝇，有防尘设备，周围环境干净，收款人员不接触食品且钱票与食品保持相当距离。

5. 在车船或飞机上要节制饮食。乘行时，由于没有有运动条件，食物的消化过程延长、速度减慢，如果不节制饮食，必然增加胃肠的负担，引起肠胃不适。

身体保健注意事项

1. 预防旅行者水肿。长时间坐车，可出现下肢肿胀，医学上称为"旅行者水肿"。因此，乘车时不要总是坐着，应常变换一下体位，或站一会儿或抬高下肢坐一会儿，也可用手从上往下进行下肢按摩，帮助血液回流。

2. 预防晕车病。为了预防晕车病的发生，可在开车前半小时，服用晕车药。在旅途中要尽量减少头部活动，可将头靠在座椅背上，闭目养神，避免看窗外移动的景物。

选择合适出行衣物

旅游服装的选择原则是：通风好，吸热少，吸水性强，耐脏，易洗，运动装和牛仔裤是比较适宜的。运动装柔软，穿上比较舒服；牛仔裤弹性好，更适宜爬山和长途行走。

要挑一双合适的鞋。要旅游顺利，选择一双合适的鞋非常重要。一般而言，如果到海边或参观平地上的名胜古迹，可以选穿运动凉鞋；如果前往山区，以爬山攀岩或野外探险为主，最好挑选鞋底颗粒大、抓地力强、防滑耐磨的运动休闲鞋。

随身带好必备药品

旅游前准备一些常用的药品，也是需要特别注意的事情。谁也不能保证旅途中不生病。而一旦身体不适，身边的小药就能救大急。有几种药可以说就是你行囊中必备的，如感冒药、晕车药、氟哌酸、创可贴等。心脏病人千万不要忘了带 X 甘油。

意外事件心理自救

出门在外难免会遇到一些突发事件，当人们面临意外情况时，往往会不知所措，无法应付或及时处理这些情况，所以保持良好的心理状态，及时采取自救行为是很重要的。

首先要保持理智和清醒，对危险的来源、性质和正确应对迅速作出正确判断，然后坚持忍痛自救。如果发生汽车相撞等危险状况，乘客可能已受伤，血管在流血，此时一面要迅速止住出血，一面则要尽力从汽车或飞机里爬出来，争分夺秒，跑离现场 100 至 200 米以外；要随时保持强烈的求生欲望，心理上的高度生存期望，常能使人耐受巨大的伤痛和极其困难的处境，使人奇迹般地存活下来。要坚信自己能自救或获救，动员全身的巨大储备能力，有效应付当前的困境。

人在旅途谨防疾病

专家提醒，旅游中容易出现的疾病主要有以下几个方面，相关旅客应做好预防工作，以免给出行带来不必要的麻烦：

旅行性精神病有的旅客因长时间乘坐火车，车厢内人多拥挤，加上睡眠休息不好，身体代谢紊乱，往往会出现短暂精神性障碍，表现为情绪反常、行为怪异。

专家建议长途旅行的旅客应调整好心态，注意及时休息，多和周围的旅客沟通，以减轻旅途带来的身心疲劳。

久坐不活动旅客长时间坐在拥挤的车厢里，活动范围太小，影响血液循环。血液循环受阻，极易使静脉血管内出现血栓。如果血栓扩大至心脏或肺部，就有可能危及生命。

专家建议乘客多喝白开水，适时地在车厢内或停车时到站台上走动一下，活动一下筋骨。

此外，专家还建议：心脑系统疾病患者在旅游或者黄金周期间尽量避免出行。如不得不外出，则要学会自救。如用药物控制血糖、血压升高；当出现头晕乏力、心悸时要开窗通风透气，向就近的亲友求救；应随身携带急救药品。

旅游类法律法规

中华人民共和国旅游法

《中华人民共和国旅游法》已由中华人民共和国第十二届全国人民代表大会常务委员会第二次会议于 2013 年 4 月 25 日通过，现予公布，自 2013 年 10 月 1 日起施行。

中华人民共和国主席习近平

2013 年 4 月 25 日

目　录

（2013 年 4 月 25 日第十二届全国人民代表大会常务委员会
第二次会议通过）

第一章

第一条　为保障旅游者和旅游经营者的合法权益，规范旅游市场秩序，保护和合理利用旅游资源，促进旅游业持续健康发展，制定本法。

第二条　在中华人民共和国境内的和在中华人民共和国境内组织到境外的游览、度假、休闲等形式的旅游活动以及为旅游活动提供相关服务的经营活动，适用本法。

第三条　国家发展旅游事业，完善旅游公共服务，依法保护旅游者在旅游活动中的权利。

第四条　旅游业发展应当遵循社会效益、经济效益和生态效益相统一的原则。国家鼓励各类市场主体在有效保护旅游资源的前提下，依法合理利用旅游资源。利用公共资源建设的游览场所应当体现公益性质。

第五条　国家倡导健康、文明、环保的旅游方式，支持和鼓励各类社会机构开展旅游公益宣传，对促进旅游业发展做出突出贡献的单位和个人给予奖励。

第六条　国家建立健全旅游服务标准和市场规则，禁止行业垄断和地区垄断。旅游经营者应当诚信经营，公平竞争，承担社会责任，为旅游者提供安全、健康、卫生、方便的旅游服务。

第七条　国务院建立健全旅游综合协调机制，对旅游业发展进行综合协调。

县级以上地方人民政府应当加强对旅游工作的组织和领导，明确相关部门或者机构，对本行政区域的旅游业发展和监督管理进行统筹协调。

第八条　依法成立的旅游行业组织，实行自律管理。

第二章

第九条　旅游者有权自主选择旅游产品和服务，有权拒绝旅游经营者的强制交易行为。

旅游者有权知悉其购买的旅游产品和服务的真实情况。

旅游者有权要求旅游经营者按照约定提供产品和服务。

第十条　旅游者的人格尊严、民族风俗习惯和宗教信仰应当得到尊重。

第十一条 残疾人、老年人、未成年人等旅游者在旅游活动中依照法律、法规和有关规定享受便利和优惠。

第十二条 旅游者在人身、财产安全遇有危险时，有请求救助和保护的权利。

旅游者人身、财产受到侵害的，有依法获得赔偿的权利。

第十三条 旅游者在旅游活动中应当遵守社会公共秩序和社会公德，尊重当地的风俗习惯、文化传统和宗教信仰，爱护旅游资源，保护生态环境，遵守旅游文明行为规范。

第十四条 旅游者在旅游活动中或者在解决纠纷时，不得损害当地居民的合法权益，不得干扰他人的旅游活动，不得损害旅游经营者和旅游从业人员的合法权益。

第十五条 旅游者购买、接受旅游服务时，应当向旅游经营者如实告知与旅游活动相关的个人健康信息，遵守旅游活动中的安全警示规定。

旅游者对国家应对重大突发事件暂时限制旅游活动的措施以及有关部门、机构或者旅游经营者采取的安全防范和应急处置措施，应当予以配合。

旅游者违反安全警示规定，或者对国家应对重大突发事件暂时限制旅游活动的措施、安全防范和应急处置措施不予配合的，依法承担相应责任。

第十六条 出境旅游者不得在境外非法滞留，随团出境的旅游者不得擅自分团、脱团。

入境旅游者不得在境内非法滞留，随团入境的旅游者不得擅自分团、脱团。

第三章

第十七条　国务院和县级以上地方人民政府应当将旅游业发展纳入国民经济和社会发展规划。

国务院和省、自治区、直辖市人民政府以及旅游资源丰富的设区的市和县级人民政府，应当按照国民经济和社会发展规划的要求，组织编制旅游发展规划。对跨行政区域且适宜进行整体利用的旅游资源进行利用时，应当由上级人民政府组织编制或者由相关地方人民政府协商编制统一的旅游发展规划。

第十八条　旅游发展规划应当包括旅游业发展的总体要求和发展目标，旅游资源保护和利用的要求和措施，以及旅游产品开发、旅游服务质量提升、旅游文化建设、旅游形象推广、旅游基础设施和公共服务设施建设的要求和促进措施等内容。

根据旅游发展规划，县级以上地方人民政府可以编制重点旅游资源开发利用的专项规划，对特定区域内的旅游项目、设施和服务功能配套提出专门要求。

第十九条　旅游发展规划应当与土地利用总体规划、城乡规划、环境保护规划以及其他自然资源和文物等人文资源的保护和利用规划相衔接。

第二十条　各级人民政府编制土地利用总体规划、城乡规划，应当充分考虑相关旅游项目、设施的空间布局和建设用地要求。规划和建设交通、通信、供水、供电、环保等基础设施和公共服务设施，应当兼顾旅游业发展的需要。

第二十一条　对自然资源和文物等人文资源进行旅游利用，必须严格遵守有关法律、法规的规定，符合资源、生态保护和文物安全的要求，尊重和维护当地传统文化和习俗，维护资源的区域整体性、文化代表性和地域特殊性，并考虑军事设施保护的需要。有关主管部门应当加强对资源保护和旅游利用状况的监督检查。

第二十二条　各级人民政府应当组织对本级政府编制的旅游发展规划的执行情况进行评估，并向社会公布。

第二十三条　国务院和县级以上地方人民政府应当制定并组织实施有利于旅游业持续健康发展的产业政策，推进旅游休闲体系建设，采取措施推动区域旅游合作，鼓励跨区域旅游线路和产品开发，促进旅游与工业、农业、商业、文化、卫生、体育、科教等领域的融合，扶持少数民族地区、革命老区、边远地区和贫困地区旅游业发展。

第二十四条　国务院和县级以上地方人民政府应当根据实际情况安排资金，加强旅游基础设施建设、旅游公共服务和旅游形象推广。

第二十五条　国家制定并实施旅游形象推广战略。国务院旅游主管部门统筹组织国家旅游形象的境外推广工作，建立旅游形象推广机构和网络，开展旅游国际合作与交流。

县级以上地方人民政府统筹组织本地的旅游形象推广工作。

第二十六条　国务院旅游主管部门和县级以上地方人民政府应当根据需要建立旅游公共信息和咨询平台，无偿向旅游者提供旅游景区、线路、交通、气象、住宿、安全、医疗急救等必要信息和咨询服务。设区的市和县级人民政府有关部门应当根据需要在交通枢纽、商业中心和旅游者集中场所设置旅游咨询中心，在景区和通往主要景区的道路设置旅游指示标识。

旅游资源丰富的设区的市和县级人民政府可以根据本地的实际情况，建立旅游客运专线或者游客中转站，为旅游者在城市及周边旅游提供服务。

第二十七条　国家鼓励和支持发展旅游职业教育和培训，提高旅游从业人员素质。

第四章

第二十八条　设立旅行社，招徕、组织、接待旅游者，为其提供旅游服务，应当具备下列条件，取得旅游主管部门的许可，依法办理工商登记：

（一）有固定的经营场所；

（二）有必要的营业设施；

（三）有符合规定的注册资本；

（四）有必要的经营管理人员和导游；

（五）法律、行政法规规定的其他条件。

第二十九条　旅行社可以经营下列业务：

（一）境内旅游；

（二）出境旅游；

（三）边境旅游；

（四）入境旅游；

（五）其他旅游业务。

旅行社经营前款第二项和第三项业务，应当取得相应的业务经营许可，具体条件由国务院规定。

第三十条　旅行社不得出租、出借旅行社业务经营许可证，或者以其他形式非法转让旅行社业务经营许可。

第三十一条　旅行社应当按照规定交纳旅游服务质量保证金，用于旅游者权益损害赔偿和垫付旅游者人身安全遇有危险时紧急救助的费用。

第三十二条　旅行社为招徕、组织旅游者发布信息，必须真实、准确，不得进行虚假宣传，误导旅游者。

第三十三条　旅行社及其从业人员组织、接待旅游者，不得安排参观或者参与违反我国法律、法规和社会公德的项目或者活动。

第三十四条　旅行社组织旅游活动应当向合格的供应商订购产品和服务。

第三十五条　旅行社不得以不合理的低价组织旅游活动，诱骗旅游者，并通过安排购物或者另行付费旅游项目获取回扣等不正当利益。

旅行社组织、接待旅游者，不得指定具体购物场所，不得安排另行付费旅游项目。但是，经双方协商一致或者旅游者要求，且不影响其他旅游者行程安排的除外。

发生违反前两款规定情形的，旅游者有权在旅游行程结束后三十日内，要求旅行社为其办理退货并先行垫付退货货款，或者退还另行付费旅游项目的费用。

第三十六条　旅行社组织团队出境旅游或者组织、接待团队入境旅游，应当按照规定安排领队或者导游全程陪同。

第三十七条　参加导游资格考试成绩合格，与旅行社订立劳动合同或者在相关旅游行业组织注册的人员，可以申请取得导游证。

第三十八条　旅行社应当与其聘用的导游依法订立劳动合同，支付劳动报酬，缴纳社会保险费用。

旅行社临时聘用导游为旅游者提供服务的，应当全额向导游支付本法第六十条第三款规定的导游服务费用。

旅行社安排导游为团队旅游提供服务的，不得要求导游垫付或者向导游收取任何费用。

第三十九条　取得导游证，具有相应的学历、语言能力和旅游从业经历，并与旅行社订立劳动合同的人员，可以申请取得领队证。

第四十条　导游和领队为旅游者提供服务必须接受旅行社委派，不得私自承揽导游和领队业务。

第四十一条导游和领队从事业务活动，应当佩戴导游证、领队证，遵守职业道德，尊重旅游者的风俗习惯和宗教信仰，应当向旅游者告知和解释旅游文明行为规范，引导旅游者健康、文明旅游，劝阻旅游者违反社会公德的行为。

导游和领队应当严格执行旅游行程安排，不得擅自变更旅游行程或者中止服务活动，不得向旅游者索取小费，不得诱导、欺骗、强迫或者变相强迫旅游者购物或者参加另行付费旅游项目。

第四十二条　景区开放应当具备下列条件，并听取旅游主管部门的意见：

（一）有必要的旅游配套服务和辅助设施；

（二）有必要的安全设施及制度，经过安全风险评估，满足安全条件；

（三）有必要的环境保护设施和生态保护措施；

（四）法律、行政法规规定的其他条件。

第四十三条　利用公共资源建设的景区的门票以及景区内的游览场所、交通工具等另行收费项目，实行政府定价或者政府指导价，严格控制价格上涨。拟收费或者提高价格的，应当举行听证会，征求旅游者、经营者和有关方面的意见，论证其必要性、可行性。

利用公共资源建设的景区，不得通过增加另行收费项目等方式变相涨价；另行收费项目已收回投资成本的，应当相应降低价格或者取消收费。

公益性的城市公园、博物馆、纪念馆等，除重点文物保护单位和珍贵文物收藏单位外，应当逐步免费开放。

第四十四条 景区应当在醒目位置公示门票价格、另行收费项目的价格及团体收费价格。景区提高门票价格应当提前六个月公布。

将不同景区的门票或者同一景区内不同游览场所的门票合并出售的，合并后的价格不得高于各单项门票的价格之和，且旅游者有权选择购买其中的单项票。

景区内的核心游览项目因故暂停向旅游者开放或者停止提供服务的，应当公示并相应减少收费。

第四十五条 景区接待旅游者不得超过景区主管部门核定的最大承载量。景区应当公布景区主管部门核定的最大承载量，制定和实施旅游者流量控制方案，并可以采取门票预约等方式，对景区接待旅游者的数量进行控制。

旅游者数量可能达到最大承载量时，景区应当提前公告并同时向当地人民政府报告，景区和当地人民政府应当及时采取疏导、分流等措施。

第四十六条 城镇和乡村居民利用自有住宅或者其他条件依法从事旅游经营，其管理办法由省、自治区、直辖市制定。

第四十七条 经营高空、高速、水上、潜水、探险等高风险旅游项目，应当按照国家有关规定取得经营许可。

第四十八条 通过网络经营旅行社业务的，应当依法取得旅行社业务经营许可，并在其网站主页的显著位置标明其业务经营许可证信息。

发布旅游经营信息的网站，应当保证其信息真实、准确。

第四十九条 为旅游者提供交通、住宿、餐饮、娱乐等服务的经营者，应当符合法律、法规规定的要求，按照合同约定履行义务。

第五十条　旅游经营者应当保证其提供的商品和服务符合保障人身、财产安全的要求。

旅游经营者取得相关质量标准等级的，其设施和服务不得低于相应标准；未取得质量标准等级的，不得使用相关质量等级的称谓和标识。

第五十一条　旅游经营者销售、购买商品或者服务，不得给予或者收受贿赂。

第五十二条　旅游经营者对其在经营活动中知悉的旅游者个人信息，应当予以保密。

第五十三条　从事道路旅游客运的经营者应当遵守道路客运安全管理的各项制度，并在车辆显著位置明示道路旅游客运专用标识，在车厢内显著位置公示经营者和驾驶人信息、道路运输管理机构监督电话等事项。

第五十四条　景区、住宿经营者将其部分经营项目或者场地交由他人从事住宿、餐饮、购物、游览、娱乐、旅游交通等经营的，应当对实际经营者的经营行为给旅游者造成的损害承担连带责任。

第五十五条　旅游经营者组织、接待出入境旅游，发现旅游者从事违法活动或者有违反本法第十六条规定情形的，应当及时向公安机关、旅游主管部门或者我国驻外机构报告。

第五十六条　国家根据旅游活动的风险程度，对旅行社、住宿、旅游交通以及本法第四十七条规定的高风险旅游项目等经营者实施责任保险制度。

第五章

第五十七条　旅行社组织和安排旅游活动，应当与旅游者订立合同。

第五十八条 包价旅游合同应当采用书面形式，包括下列内容：

（一）旅行社、旅游者的基本信息；

（二）旅游行程安排；

（三）旅游团成团的最低人数；

（四）交通、住宿、餐饮等旅游服务安排和标准；

（五）游览、娱乐等项目的具体内容和时间；

（六）自由活动时间安排；

（七）旅游费用及其交纳的期限和方式；

（八）违约责任和解决纠纷的方式；

（九）法律、法规规定和双方约定的其他事项。

订立包价旅游合同时，旅行社应当向旅游者详细说明前款第二项至第八项所载内容。

第五十九条 旅行社应当在旅游行程开始前向旅游者提供旅游行程单。旅游行程单是包价旅游合同的组成部分。

第六十条 旅行社委托其他旅行社代理销售包价旅游产品并与旅游者订立包价旅游合同的，应当在包价旅游合同中载明委托社和代理社的基本信息。

旅行社依照本法规定将包价旅游合同中的接待业务委托给地接社履行的，应当在包价旅游合同中载明地接社的基本信息。

安排导游为旅游者提供服务的，应当在包价旅游合同中载明导游服务费用。

第六十一条 旅行社应当提示参加团队旅游的旅游者按照规定投保人身意外伤害保险。

第六十二条 订立包价旅游合同时，旅行社应当向旅游者告知下列事项：

（一）旅游者不适合参加旅游活动的情形；

（二）旅游活动中的安全注意事项；

（三）旅行社依法可以减免责任的信息；

（四）旅游者应当注意的旅游目的地相关法律、法规和风俗习惯、宗教禁忌，依照中国法律不宜参加的活动等；

（五）法律、法规规定的其他应当告知的事项。

在包价旅游合同履行中，遇有前款规定事项的，旅行社也应当告知旅游者。

第六十三条　旅行社招徕旅游者组团旅游，因未达到约定人数不能出团的，组团社可以解除合同。但是，境内旅游应当至少提前七日通知旅游者，出境旅游应当至少提前三十日通知旅游者。

因未达到约定人数不能出团的，组团社经征得旅游者书面同意，可以委托其他旅行社履行合同。组团社对旅游者承担责任，受委托的旅行社对组团社承担责任。旅游者不同意的，可以解除合同。

因未达到约定的成团人数解除合同的，组团社应当向旅游者退还已收取的全部费用。

第六十四条　旅游行程开始前，旅游者可以将包价旅游合同中自身的权利义务转让给第三人，旅行社没有正当理由的不得拒绝，因此增加的费用由旅游者和第三人承担。

第六十五条　旅游行程结束前，旅游者解除合同的，组团社应当在扣除必要的费用后，将余款退还旅游者。

第六十六条　旅游者有下列情形之一的，旅行社可以解除合同：

（一）患有传染病等疾病，可能危害其他旅游者健康和安全的；

（二）携带危害公共安全的物品且不同意交有关部门处理的；

（三）从事违法或者违反社会公德的活动的；

（四）从事严重影响其他旅游者权益的活动，且不听劝阻、不能制止的；

（五）法律规定的其他情形。

因前款规定情形解除合同的，组团社应当在扣除必要的费用后，将余款退还旅游者；给旅行社造成损失的，旅游者应当依法承担赔偿责任。

第六十七条 因不可抗力或者旅行社、履行辅助人已尽合理注意义务仍不能避免的事件，影响旅游行程的，按照下列情形处理：

（一）合同不能继续履行的，旅行社和旅游者均可以解除合同。合同不能完全履行的，旅行社经向旅游者作出说明，可以在合理范围内变更合同；旅游者不同意变更的，可以解除合同。

（二）合同解除的，组团社应当在扣除已向地接社或者履行辅助人支付且不可退还的费用后，将余款退还旅游者；合同变更的，因此增加的费用由旅游者承担，减少的费用退还旅游者。

（三）危及旅游者人身、财产安全的，旅行社应当采取相应的安全措施，因此支出的费用，由旅行社与旅游者分担。

（四）造成旅游者滞留的，旅行社应当采取相应的安置措施。因此增加的食宿费用，由旅游者承担；增加的返程费用，由旅行社与旅游者分担。

第六十八条 旅游行程中解除合同的，旅行社应当协助旅游者返回出发地或者旅游者指定的合理地点。由于旅行社或者履行辅助人的原因导致合同解除的，返程费用由旅行社承担。

第六十九条 旅行社应当按照包价旅游合同的约定履行义

务，不得擅自变更旅游行程安排。

经旅游者同意，旅行社将包价旅游合同中的接待业务委托给其他具有相应资质的地接社履行的，应当与地接社订立书面委托合同，约定双方的权利和义务，向地接社提供与旅游者订立的包价旅游合同的副本，并向地接社支付不低于接待和服务成本的费用。地接社应当按照包价旅游合同和委托合同提供服务。

第七十条　旅行社不履行包价旅游合同义务或者履行合同义务不符合约定的，应当依法承担继续履行、采取补救措施或者赔偿损失等违约责任；造成旅游者人身损害、财产损失的，应当依法承担赔偿责任。旅行社具备履行条件，经旅游者要求仍拒绝履行合同，造成旅游者人身损害、滞留等严重后果的，旅游者还可以要求旅行社支付旅游费用一倍以上三倍以下的赔偿金。

由于旅游者自身原因导致包价旅游合同不能履行或者不能按照约定履行，或者造成旅游者人身损害、财产损失的，旅行社不承担责任。

在旅游者自行安排活动期间，旅行社未尽到安全提示、救助义务的，应当对旅游者的人身损害、财产损失承担相应责任。

第七十一条　由于地接社、履行辅助人的原因导致违约的，由组团社承担责任；组团社承担责任后可以向地接社、履行辅助人追偿。

由于地接社、履行辅助人的原因造成旅游者人身损害、财产损失的，旅游者可以要求地接社、履行辅助人承担赔偿责任，也可以要求组团社承担赔偿责任；组团社承担责任后可以向地接社、履行辅助人追偿。但是，由于公共交通经营者的原因造成旅游者人身损害、财产损失的，由公共交通经营者依法承担赔偿责任，旅行社应当协助旅游者向公共交通经营者索赔。

第七十二条　旅游者在旅游活动中或者在解决纠纷时，损害旅行社、履行辅助人、旅游从业人员或者其他旅游者的合法权益的，依法承担赔偿责任。

第七十三条　旅行社根据旅游者的具体要求安排旅游行程，与旅游者订立包价旅游合同的，旅游者请求变更旅游行程安排，因此增加的费用由旅游者承担，减少的费用退还旅游者。

第七十四条　旅行社接受旅游者的委托，为其代订交通、住宿、餐饮、游览、娱乐等旅游服务，收取代办费用的，应当亲自处理委托事务。因旅行社的过错给旅游者造成损失的，旅行社应当承担赔偿责任。

旅行社接受旅游者的委托，为其提供旅游行程设计、旅游信息咨询等服务的，应当保证设计合理、可行，信息及时、准确。

第七十五条　住宿经营者应当按照旅游服务合同的约定为团队旅游者提供住宿服务。住宿经营者未能按照旅游服务合同提供服务的，应当为旅游者提供不低于原定标准的住宿服务，因此增加的费用由住宿经营者承担；但由于不可抗力、政府因公共利益需要采取措施造成不能提供服务的，住宿经营者应当协助安排旅游者住宿。

第六章

第七十六条　县级以上人民政府统一负责旅游安全工作。县级以上人民政府有关部门依照法律、法规履行旅游安全监管职责。

第七十七条　国家建立旅游目的地安全风险提示制度。旅游目的地安全风险提示的级别划分和实施程序，由国务院旅游主管部门会同有关部门制定。

县级以上人民政府及其有关部门应当将旅游安全作为突发事件监测和评估的重要内容。

第七十八条　县级以上人民政府应当依法将旅游应急管理纳入政府应急管理体系，制定应急预案，建立旅游突发事件应对机制。

突发事件发生后，当地人民政府及其有关部门和机构应当采取措施开展救援，并协助旅游者返回出发地或者旅游者指定的合理地点。

第七十九条　旅游经营者应当严格执行安全生产管理和消防安全管理的法律、法规和国家标准、行业标准，具备相应的安全生产条件，制定旅游者安全保护制度和应急预案。

旅游经营者应当对直接为旅游者提供服务的从业人员开展经常性应急救助技能培训，对提供的产品和服务进行安全检验、监测和评估，采取必要措施防止危害发生。

旅游经营者组织、接待老年人、未成年人、残疾人等旅游者，应当采取相应的安全保障措施。

第八十条　旅游经营者应当就旅游活动中的下列事项，以明示的方式事先向旅游者作出说明或者警示：

（一）正确使用相关设施、设备的方法；

（二）必要的安全防范和应急措施；

（三）未向旅游者开放的经营、服务场所和设施、设备；

（四）不适宜参加相关活动的群体；

（五）可能危及旅游者人身、财产安全的其他情形。

第八十一条　突发事件或者旅游安全事故发生后，旅游经营者应当立即采取必要的救助和处置措施，依法履行报告义务，并对旅游者作出妥善安排。

第八十二条　旅游者在人身、财产安全遇有危险时，有权请求旅游经营者、当地政府和相关机构进行及时救助。

中国出境旅游者在境外陷于困境时，有权请求我国驻当地机构在其职责范围内给予协助和保护。

旅游者接受相关组织或者机构的救助后，应当支付应由个人承担的费用。

第七章

第八十三条　县级以上人民政府旅游主管部门和有关部门依照本法和有关法律、法规的规定，在各自职责范围内对旅游市场实施监督管理。

县级以上人民政府应当组织旅游主管部门、有关主管部门和工商行政管理、产品质量监督、交通等执法部门对相关旅游经营行为实施监督检查。

第八十四条　旅游主管部门履行监督管理职责，不得违反法律、行政法规的规定向监督管理对象收取费用。

旅游主管部门及其工作人员不得参与任何形式的旅游经营活动。

第八十五条　县级以上人民政府旅游主管部门有权对下列事项实施监督检查：

（一）经营旅行社业务以及从事导游、领队服务是否取得经营、执业许可；

（二）旅行社的经营行为；

（三）导游和领队等旅游从业人员的服务行为；

（四）法律、法规规定的其他事项。

旅游主管部门依照前款规定实施监督检查，可以对涉嫌违法的合同、票据、账簿以及其他资料进行查阅、复制。

第八十六条 旅游主管部门和有关部门依法实施监督检查，其监督检查人员不得少于二人，并应当出示合法证件。监督检查人员少于二人或者未出示合法证件的，被检查单位和个人有权拒绝。

监督检查人员对在监督检查中知悉的被检查单位的商业秘密和个人信息应当依法保密。

第八十七条 对依法实施的监督检查，有关单位和个人应当配合，如实说明情况并提供文件、资料，不得拒绝、阻碍和隐瞒。

第八十八条 县级以上人民政府旅游主管部门和有关部门，在履行监督检查职责中或者在处理举报、投诉时，发现违反本法规定行为的，应当依法及时作出处理；对不属于本部门职责范围的事项，应当及时书面通知并移交有关部门查处。

第八十九条 县级以上地方人民政府建立旅游违法行为查处信息的共享机制，对需要跨部门、跨地区联合查处的违法行为，应当进行督办。

旅游主管部门和有关部门应当按照各自职责，及时向社会公布监督检查的情况。

第九十条 依法成立的旅游行业组织依照法律、行政法规和章程的规定，制定行业经营规范和服务标准，对其会员的经营行为和服务质量进行自律管理，组织开展职业道德教育和业务培训，提高从业人员素质。

第八章

第九十一条 县级以上人民政府应当指定或者设立统一的

旅游投诉受理机构。受理机构接到投诉，应当及时进行处理或者移交有关部门处理，并告知投诉者。

第九十二条 旅游者与旅游经营者发生纠纷，可以通过下列途径解决：

（一）双方协商；

（二）向消费者协会、旅游投诉受理机构或者有关调解组织申请调解；

（三）根据与旅游经营者达成的仲裁协议提请仲裁机构仲裁；

（四）向人民法院提起诉讼。

第九十三条 消费者协会、旅游投诉受理机构和有关调解组织在双方自愿的基础上，依法对旅游者与旅游经营者之间的纠纷进行调解。

第九十四条 旅游者与旅游经营者发生纠纷，旅游者一方人数众多并有共同请求的，可以推选代表人参加协商、调解、仲裁、诉讼活动。

第九章

第九十五 条违反本法规定，未经许可经营旅行社业务的，由旅游主管部门或者工商行政管理部门责令改正，没收违法所得，并处一万元以上十万元以下罚款；违法所得十万元以上的，并处违法所得一倍以上五倍以下罚款；对有关责任人员，处二千元以上二万元以下罚款。

旅行社违反本法规定，未经许可经营本法第二十九条第一款第二项、第三项业务，或者出租、出借旅行社业务经营许可证，或者以其他方式非法转让旅行社业务经营许可的，除依照前款规定处罚外，并责令停业整顿；情节严重的，吊销旅行社业务经营许可证；对直接负责的主管人员，处二千元以上二万元以下罚款。

第九十六条 旅行社违反本法规定，有下列行为之一的，由旅游主管部门责令改正，没收违法所得，并处五千元以上五万元以下罚款；情节严重的，责令停业整顿或者吊销旅行社业务经营许可证；对直接负责的主管人员和其他直接责任人员，处二千元以上二万元以下罚款：

（一）未按照规定为出境或者入境团队旅游安排领队或者导游全程陪同的；

（二）安排未取得导游证或者领队证的人员提供导游或者领队服务的；

（三）未向临时聘用的导游支付导游服务费用的；

（四）要求导游垫付或者向导游收取费用的。

第九十七条 旅行社违反本法规定，有下列行为之一的，由旅游主管部门或者有关部门责令改正，没收违法所得，并处五千元以上五万元以下罚款；违法所得五万元以上的，并处违法所得一倍以上五倍以下罚款；情节严重的，责令停业整顿或者吊销旅行社业务经营许可证；对直接负责的主管人员和其他直接责任人员，处二千元以上二万元以下罚款：

（一）进行虚假宣传，误导旅游者的；

（二）向不合格的供应商订购产品和服务的；

（三）未按照规定投保旅行社责任保险的。

第九十八条 旅行社违反本法第三十五条规定的，由旅游主管部门责令改正，没收违法所得，责令停业整顿，并处三万元以上三十万元以下罚款；违法所得三十万元以上的，并处违法所得一倍以上五倍以下罚款；情节严重的，吊销旅行社业务经营许可证；对直接负责的主管人员和其他直接责任人员，没收违法所得，处二千元以上二万元以下罚款，并暂扣或者吊销导游证、领队证。

第九十九条　旅行社未履行本法第五十五条规定的报告义务的，由旅游主管部门处五千元以上五万元以下罚款；情节严重的，责令停业整顿或者吊销旅行社业务经营许可证；对直接负责的主管人员和其他直接责任人员，处二千元以上二万元以下罚款，并暂扣或者吊销导游证、领队证。

第一百条　旅行社违反本法规定，有下列行为之一的，由旅游主管部门责令改正，处三万元以上三十万元以下罚款，并责令停业整顿；造成旅游者滞留等严重后果的，吊销旅行社业务经营许可证；对直接负责的主管人员和其他直接责任人员，处二千元以上二万元以下罚款，并暂扣或者吊销导游证、领队证：

（一）在旅游行程中擅自变更旅游行程安排，严重损害旅游者权益的；

（二）拒绝履行合同的；

（三）未征得旅游者书面同意，委托其他旅行社履行包价旅游合同的。

第一百零一条　旅行社违反本法规定，安排旅游者参观或者参与违反我国法律、法规和社会公德的项目或者活动的，由旅游主管部门责令改正，没收违法所得，责令停业整顿，并处二万元以上二十万元以下罚款；情节严重的，吊销旅行社业务经营许可证；对直接负责的主管人员和其他直接责任人员，处二千元以上二万元以下罚款，并暂扣或者吊销导游证、领队证。

第一百零二条　违反本法规定，未取得导游证或者领队证从事导游、领队活动的，由旅游主管部门责令改正，没收违法所得，并处一千元以上一万元以下罚款，予以公告。

导游、领队违反本法规定，私自承揽业务的，由旅游主管部门责令改正，没收违法所得，处一千元以上一万元以下罚款，并暂扣或者吊销导游证、领队证。

导游、领队违反本法规定，向旅游者索取小费的，由旅游主管部门责令退还，处一千元以上一万元以下罚款；情节严重的，并暂扣或者吊销导游证、领队证。

第一百零三条　违反本法规定被吊销导游证、领队证的导游、领队和受到吊销旅行社业务经营许可证处罚的旅行社的有关管理人员，自处罚之日起未逾三年的，不得重新申请导游证、领队证或者从事旅行社业务。

第一百零四条　旅游经营者违反本法规定，给予或者收受贿赂的，由工商行政管理部门依照有关法律、法规的规定处罚；情节严重的，并由旅游主管部门吊销旅行社业务经营许可证。

第一百零五条　景区不符合本法规定的开放条件而接待旅游者的，由景区主管部门责令停业整顿直至符合开放条件，并处二万元以上二十万元以下罚款。

景区在旅游者数量可能达到最大承载量时，未依照本法规定公告或者未向当地人民政府报告，未及时采取疏导、分流等措施，或者超过最大承载量接待旅游者的，由景区主管部门责令改正，情节严重的，责令停业整顿一个月至六个月。

第一百零六条　景区违反本法规定，擅自提高门票或者另行收费项目的价格，或者有其他价格违法行为的，由有关主管部门依照有关法律、法规的规定处罚。

第一百零七条　旅游经营者违反有关安全生产管理和消防安全管理的法律、法规或者国家标准、行业标准的，由有关主管部门依照有关法律、法规的规定处罚。

第一百零八条 对违反本法规定的旅游经营者及其从业人员，旅游主管部门和有关部门应当记入信用档案，向社会公布。

第一百零九条 旅游主管部门和有关部门的工作人员在履行监督管理职责中，滥用职权、玩忽职守、徇私舞弊，尚不构成犯罪的，依法给予处分。

第一百一十条 违反本法规定，构成犯罪的，依法追究刑事责任。

第十章

第一百一十一条 本法下列用语的含义：

（一）旅游经营者，是指旅行社、景区以及为旅游者提供交通、住宿、餐饮、购物、娱乐等服务的经营者。

（二）景区，是指为旅游者提供游览服务、有明确的管理界限的场所或者区域。

（三）包价旅游合同，是指旅行社预先安排行程，提供或者通过履行辅助人提供交通、住宿、餐饮、游览、导游或者领队等两项以上旅游服务，旅游者以总价支付旅游费用的合同。

（四）组团社，是指与旅游者订立包价旅游合同的旅行社。

（五）地接社，是指接受组团社委托，在目的地接待旅游者的旅行社。

（六）履行辅助人，是指与旅行社存在合同关系，协助其履行包价旅游合同义务，实际提供相关服务的法人或者自然人。

第一百一十二条 本法自 2013 年 10 月 1 日起施行。

中国公民出国旅游管理办法

第一条 为了规范旅行社组织中国公民出国旅游活动，保障出国旅游者和出国旅游经营者的合法权益，制定本办法。

第二条 出国旅游的目的地国家，由国务院旅游行政部门会同国务院有关部门提出，报国务院批准后，由国务院旅游行政部门公布。

任何单位和个人不得组织中国公民到国务院旅游行政部门公布的出国旅游的目的地国家以外的国家旅游；组织中国公民到国务院旅游行政部门公布的出国旅游的目的地国家以外的国家进行涉及体育活动、文化活动等临时性专项旅游的，须经国务院旅游行政部门批准。

第三条 旅行社经营出国旅游业务，应当具备下列条件：

（一）取得国际旅行社资格满1年；

（二）经营入境旅游业务有突出业绩；

（三）经营期间无重大违法行为和重大服务质量问题。

第四条 申请经营出国旅游业务的旅行社，应当向省、自治区、直辖市旅游行政部门提出申请。省、自治区、直辖市旅游行政部门应当自受理申请之日起30个工作日内，依据本办法第三条规定的条件对申请审查完毕，经审查同意的，报国务院旅游行政部门批准；经审查不同意的，应当书面通知申请人并说明理由。

国务院旅游行政部门批准旅行社经营出国旅游业务，应当符合旅游业发展规划及合理布局的要求。

未经国务院旅游行政部门批准取得出国旅游业务经营资格的，任何单位和个人不得擅自经营或者以商务、考察、培训等方式变相经营出国旅游业务。

第五条 国务院旅游行政部门应当将取得出国旅游业务经营资格的旅行社（以下简称组团社）名单予以公布，并通报国务院有关部门。

第六条　国务院旅游行政部门根据上年度全国入境旅游的业绩、出国旅游目的地的增加情况和出国旅游的发展趋势，在每年的 2 月底以前确定本年度组织出国旅游的人数安排总量，并下达省、自治区、直辖市旅游行政部门。

省、自治区、直辖市旅游行政部门根据本行政区域内各组团社上年度经营入境旅游的业绩、经营能力、服务质量，按照公平、公正、公开的原则，在每年的 3 月底以前核定各组团社本年度组织出国旅游的人数安排。

国务院旅游行政部门应当对省、自治区、直辖市旅游行政部门核定组团社年度出国旅游人数安排及组团社组织公民出国旅游的情况进行监督。

第七条　国务院旅游行政部门统一印制《中国公民出国旅游团队名单表》（以下简称《名单表》），在下达本年度出国旅游人数安排时编号发放给省、自治区、直辖市旅游行政部门，由省、自治区、直辖市旅游行政部门核发给组团社。

组团社应当按照核定的出国旅游人数安排组织出国旅游团队，填写《名单表》。旅游者及领队首次出境或者再次出境，均应当填写在《名单表》中，经审核后的《名单表》不得增添人员。

第八条　《名单表》一式四联，分为：出境边防检查专用联、入境边防检查专用联、旅游行政部门审验专用联、旅行社自留专用联。

组团社应当按照有关规定，在旅游团队出境、入境时及旅游团队入境后，将《名单表》分别交有关部门查验、留存。

出国旅游兑换外汇，由旅游者个人按照国家有关规定办理。

第九条　旅游者持有有效普通护照的，可以直接到组团社办理出国旅游手续；没有有效普通护照的，应当依照《中华人民共和国公民出境入境管理法》的有关规定办理护照后再办理出国旅游手续。

组团社应当为旅游者办理前往国签证等出境手续。

第十条　组团社应当为旅游团队安排专职领队。

领队应当经省、自治区、直辖市旅游行政部门考核合格，取得领队证。

领队在带团时，应当佩戴领队证，并遵守本办法及国务院旅游行政部门的有关规定。

第十一条　旅游团队应当从国家开放口岸整团出入境。

旅游团队出入境时，应当接受边防检查站对护照、签证、《名单表》的查验。经国务院有关部门批准，旅游团队可以到旅游目的地国家按照该国有关规定办理签证或者免签证。

旅游团队出境前已确定分团入境的，组团社应当事先向出入境边防检查总站或者省级公安边防部门备案。

旅游团队出境后因不可抗力或者其他特殊原因确需分团入境的，领队应当及时通知组团社，组团社应当立即向有关出入境边防检查总站或者省级公安边防部门备案。

第十二条　组团社应当维护旅游者的合法权益。

组团社向旅游者提供的出国旅游服务信息必须真实可靠，不得作虚假宣传，报价不得低于成本。

第十三条　组团社经营出国旅游业务，应当与旅游者订立书面旅游合同。

旅游合同应当包括旅游起止时间、行程路线、价格、食宿、交通以及违约责任等内容。旅游合同由组团社和旅游者各持一份。

第十四条　组团社应当按照旅游合同约定的条件，为旅游者提供服务。

组团社应当保证所提供的服务符合保障旅游者人身、财产安全的要求；对可能危及旅游者人身安全的情况，应当向旅游者作出真实说明和明确警示，并采取有效措施，防止危害的发生。

第十五条 组团社组织旅游者出国旅游，应当选择在目的地国家依法设立并具有良好信誉的旅行社（以下简称境外接待社），并与之订立书面合同后，方可委托其承担接待工作。

第十六条 组团社及其旅游团队领队应当要求境外接待社按照约定的团队活动计划安排旅游活动，并要求其不得组织旅游者参与涉及色情、赌博、毒品内容的活动或者危险性活动，不得擅自改变行程、减少旅游项目，不得强迫或者变相强迫旅游者参加额外付费项目。

境外接待社违反组团社及其旅游团队领队根据前款规定提出的要求时，组团社及其旅游团队领队应当予以制止。

第十七条 旅游团队领队应当向旅游者介绍旅游目的地国家的相关法律、风俗习惯以及其他有关注意事项，并尊重旅游者的人格尊严、宗教信仰、民族风俗和生活习惯。

第十八条 旅游团队领队在带领旅游者旅行、游览过程中，应当就可能危及旅游者人身安全的情况，向旅游者作出真实说明和明确警示，并按照组团社的要求采取有效措施，防止危害的发生。

第十九条 旅游团队在境外遇到特殊困难和安全问题时，领队应当及时向组团社和中国驻所在国家使领馆报告；组团社应当及时向旅游行政部门和公安机关报告。

第二十条 旅游团队领队不得与境外接待社、导游及为旅游者提供商品或者服务的其他经营者串通欺骗、胁迫旅游者消费，不得向境外接待社、导游及其他为旅游者提供商品或者服务的经营者索要回扣、提成或者收受其财物。

第二十一条　旅游者应当遵守旅游目的地国家的法律，尊重当地的风俗习惯，并服从旅游团队领队的统一管理。

第二十二条　严禁旅游者在境外滞留不归。

旅游者在境外滞留不归的，旅游团队领队应当及时向组团社和中国驻所在国家使领馆报告，组团社应当及时向公安机关和旅游行政部门报告。有关部门处理有关事项时，组团社有义务予以协助。

第二十三条　旅游者对组团社或者旅游团队领队违反本办法规定的行为，有权向旅游行政部门投诉。

第二十四条　因组团社或者其委托的境外接待社违约，使旅游者合法权益受到损害的，组团社应当依法对旅游者承担赔偿责任。

第二十五条　组团社有下列情形之一的，旅游行政部门可以暂停其经营出国旅游业务；情节严重的，取消其出国旅游业务经营资格：

（一）入境旅游业绩下降的；

（二）因自身原因，在 1 年内未能正常开展出国旅游业务的；

（三）因出国旅游服务质量问题被投诉并经查实的；

（四）有逃汇、非法套汇行为的；

（五）以旅游名义弄虚作假，骗取护照、签证等出入境证件或者送他人出境的；

（六）国务院旅游行政部门认定的影响中国公民出国旅游秩序的其他行为。

第二十六条　任何单位和个人违反本办法第四条的规定，未经批准擅自经营或者以商务、考察、培训等方式变相经营出国旅游业务的，由旅游行政部门责令停止非法经营，没收违法所得，并处违法所得 2 倍以上 5 倍以下的罚款。

第二十七条　组团社违反本办法第十条的规定，不为旅游团队安排专职领队的，由旅游行政部门责令改正，并处 5000 元以上 2 万元以下的罚款，可以暂停其出国旅游业务经营资格；多次不安排专职领队的，并取消其出国旅游业务经营资格。

第二十八条　组团社违反本办法第十二条的规定，向旅游者提供虚假服务信息或者低于成本报价的，由工商行政管理部门依照《中华人民共和国消费者权益保护法》、《中华人民共和国反不正当竞争法》的有关规定给予处罚。

第二十九条　组团社或者旅游团队领队违反本办法第十四条第二款、第十八条的规定，对可能危及人身安全的情况未向旅游者作出真实说明和明确警示，或者未采取防止危害发生的措施的，由旅游行政部门责令改正，给予警告；情节严重的，对组团社暂停其出国旅游业务经营资格，并处 5000 元以上 2 万元以下的罚款，对旅游团队领队可以暂扣直至吊销其领队证；造成人身伤亡事故的，依法追究刑事责任，并承担赔偿责任。

第三十条　组团社或者旅游团队领队违反本办法第十六条的规定，未要求境外接待社不得组织旅游者参与涉及色情、赌博、毒品内容的活动或者危险性活动，未要求其不得擅自改变行程、减少旅游项目、强迫或者变相强迫旅游者参加额外付费项目，或者在境外接待社违反前述要求时未制止的，由旅游行政部门对组团社处组织该旅游团队所收取费用 2 倍以上 5 倍以下的罚款，并暂停其出国旅游业务经营资格，对旅游团队领队暂扣其领队证；造成恶劣影响的，对组团社取消其出国旅游业务经营资格，对旅游团队领队吊销其领队证。

第三十一条　旅游团队领队违反本办法第二十条的规定，

与境外接待社、导游及为旅游者提供商品或者服务的其他经营者串通欺骗、胁迫旅游者消费或者向境外接待社、导游和其他为旅游者提供商品或者服务的经营者索要回扣、提成或者收受其财物的，由旅游行政部门责令改正，没收索要的回扣、提成或者收受的财物，并处索要的回扣、提成或者收受的财物价值 2 倍以上 5 倍以下的罚款；情节严重的，并吊销其领队证。

第三十二条 违反本办法第二十二条的规定，旅游者在境外滞留不归，旅游团队领队不及时向组团社和中国驻所在国家使领馆报告，或者组团社不及时向有关部门报告的，由旅游行政部门给予警告，对旅游团队领队可以暂扣其领队证，对组团社可以暂停其出国旅游业务经营资格。

旅游者因滞留不归被遣返回国的，由公安机关吊销其护照。

第三十三条 本办法自 2002 年 7 月 1 日起施行。国务院 1997 年 3 月 17 日批准，国家旅游局、公安部 1997 年 7 月 1 日发布的《中国公民自费出国旅游管理暂行办法》同时废止。

旅行社投保旅行社责任保险规定

第一章 总则

第一条 为了保障旅游者和旅行社的合法权益，促进旅游业的健康发展，根据《旅行社管理条例》和《中华人民共和国保险法》的有关规定，制定本规定。

第二条 旅行社从事旅游业务经营活动，必须投保旅行社责任保险。

第三条 本规定所称旅行社责任保险，是指旅行社根据保险合同的约定，向保险公司支付保险费，保险公司对旅行社在从事旅游业务经营活动中，致使旅游者人身、财产遭受损害应由旅行社承担的责任，承担赔偿保险金责任的行为。

第四条 在中华人民共和国境内的旅行社，投保旅行社责任保险时，应当遵守本规定。

第二章 旅行社责任保险的投保范围

第五条 旅行社应当对旅行社依法承担的下列责任投保旅行社责任保险：

（一）旅游者人身伤亡赔偿责任；

（二）旅游者因治疗支出的交通、医药费赔偿责任；

（三）旅游者死亡处理和遗体遣返费用赔偿责任；

（四）对旅游者必要的施救费用，包括必要时近亲属探望需支出的合理的交通、食宿费用，随行未成年人的送返费用，旅行社人员和医护人员前往处理的交通、食宿费用，行程延迟需支出的合理费用等赔偿责任；

（五）旅游者行李物品的丢失、损坏或被盗所引起的赔偿责任；

（六）由于旅行社责任争议引起的诉讼费用；

（七）旅行社与保险公司约定的其他赔偿责任。

第六条 旅游者参加旅行社组织的旅游活动，应保证自身身体条件能够完成旅游活动。旅游者在旅游行程中，由自身疾病引起的各种损失或损害，旅行社不承担赔偿责任。

第七条 旅游者参加旅行社组织的旅游活动，应当服从导游或领队的安排，在行程中注意保护自身和随行未成年人的安全，妥善保管所携带的行李、物品。由于旅游者个人过错导致的人身伤亡和财产损失，以及由此导致需支出的各种费用，旅行社不承担赔偿责任。

第八条旅游者在自行终止旅行社安排的旅游行程后，或在不参加双方约定的活动而自行

活动的时间内，发生的人身、财产损害，旅行社不承担赔偿责任。

第三章　保险期限和保险金额

第九条　旅行社责任保险的保险期限为一年。

第十条　旅行社办理旅行社责任保险的保险金额不得低于下列标准：

（一）国内旅游每人责任赔偿限额人民币8万元，入境旅游、出境旅游每人责任赔偿限额人民币16万元；

（二）国内旅行社每次事故和每年累计责任赔偿限额人民币200万元，国际旅行社每次事故和每年累计责任赔偿限额人民币400万元。

第十一条　旅行社组织高风险旅游项目可另行与保险公司协商投保附加保险事宜。

第四章　投保和索赔

第十二条　旅行社投保旅行社责任保险，必须在境内经营责任保险的保险公司投保。

第十三条　旅行社应当按照《中华人民共和国保险法》规定的保险合同内容，与承保保险公司签订书面合同。

第十四条　旅行社投保旅行社责任保险采取按年度投保的

方式，按照本规定第十条的规定，向保险公司办理本年度的投保手续。

第十五条 旅行社对保险公司请求赔偿或者给付保险金的权利，自其知道保险事故发生之日起二年不行使而消灭。

第十六条 旅行社投保旅行社责任保险的保险费，不得在销售价格中单独列项。

第十七条 在保险期限内发生保险责任范围内的事故时，旅行社应及时取得事故发生地公安、医疗、承保保险公司或其分、支公司等单位的有效凭证，向承保保险公司办理理赔事宜。

第五章 监督管理

第十八条 县级以上人民政府旅游行政管理部门按照《旅行社管理条例》等有关规定，对旅行社投保旅行社责任保险的情况进行监督检查，并将旅行社责任保险投保和理赔情况纳入旅行社年检范围。

第十九条 旅行社应当妥善保管旅行社责任保险投保和理赔的相关资料，接受旅游行政管理部门的检查；在理赔案件发生后，应及时将理赔情况报当地旅游行政管理部门备案。

第二十条 旅行社应当选择保险业务信誉良好、服务网络面广、无不良经营记录的保险公司投保。

第六章 罚则

第二十一条 旅行社违反本规定第二条规定，未投保旅行社责任保险的，由旅游行政管理部门责令限期改正；逾期不改正的，责令停业整顿 15 天至 30 天，可以并处人民币 5000 元以上 2 万元以下的罚款；情节严重的，还可以吊销其《旅行社业务经营许可证》。

第二十二条　旅行社投保旅行社责任保险的责任范围，小于本规定第五条规定要求的，或者投保旅行社责任保险的金额低于本规定第十条规定的基本标准的，由旅游行政管理部门责令限期改正，给予警告；逾期不改正的，可处以人民币 5000 元以上 1 万元以下的罚款。

第二十三条　旅行社违反本规定第十八条、第十九条规定，拒不接受旅游行政管理部门的管理和监督检查的，由旅游行政管理部门责令限期改正，给予警告；逾期不改正的，责令停业整顿 3 天至 15 天，可以并处人民币 3000 元以上 1 万元以下的罚款。

第七章　附则

第二十四条　旅游者参加旅行社组织的团队旅游时，可以根据实际需要，从有保险代理

人资格的旅行社或直接从保险公司自愿购买旅游者个人保险。旅行社在与旅游者订立旅游合同时，应当推荐旅游者购买相关的旅游者个人保险。

第二十五条　本规定由国家旅游局负责解释。

第二十六条　本规定自 2001 年 9 月 1 日起施行。国家旅游局 1997 年 5 月 13 日发布的《旅行社办理旅游意外保险暂行规定》同时废止。

漂流旅游安全管理暂行办法

第一条　为加强对漂流旅游的管理，保障漂流旅游者的安

全，促进漂流旅游有序发展，制定本办法。

第二条　本办法所称的漂流旅游是指漂流经营企业组织旅游者在特定的水域，乘坐船只、木筏、竹排、橡皮艇等漂流工具进行的各种旅游活动。

第三条　漂流旅游属特种旅游活动，其安全管理工作以保障旅游者人身及财产安全为原则，实行" 安全第一，预防为主"的方针。

第四条　国务院旅游行政管理部门负责全国范围内漂流旅游活动的安全监督管理工作。县级以上地方人民政府旅游行政管理部门（以下简称地方旅游行政管理部门）负责本地区内漂流旅游活动的安全监督管理工作。

第五条　省、自治区、直辖市人民政府旅游行政管理部门应根据当地漂流水域状况和使用漂流工具的情况，制定本地区漂流旅游安全和服务标准，并根据安全和服务标准对经营企业和漂流工具进行检查。对符合标准的企业，发给旅游部门认可的证书，并会同有关部门对其使用的漂流工具进行登记管理。

第六条　省、自治区、直辖市人民政府旅游行政管理部门应根据当地漂流水域状况和使用漂流工具的情况，制定本地区漂流旅游安全和服务标准，并根据安全和服务标准对经营企业和漂流工具进行检查。对符合标准的企业，发给旅游部门认可的证书，并会同有关部门对其使用的漂流工具进行登记管理。

第七条　地方旅游行政管理部门应及时了解漂流水域情况，一旦发生影响漂流旅游安全的如洪水、塌方、河道堵塞等情况，应立即通知企业停止漂流旅游活动，并及时协助有关部门做好旅客疏导和安全工作。

第八条　地方旅游行政管理部门应定期对漂流旅游的码头设施和接待设施以及漂流旅游企业的漂流工具进行检查。

第九条　地方旅游行政管理部门应审核检查漂流旅游企业的各项安全管理规章制度；对漂流旅游的从业人员进行安全教育和安全培训。

第十条　经营漂流旅游的企业应根据旅游安全管理的有关规定及有关部门的规章制度建立健全安全管理规章制度。

第十一条　经营漂流旅游的企业应设置专门的安全管理机构或确定专人负责安全管理工作。

第十二条　经营漂流旅游的企业应对从业人员特别是漂流工具操作人员进行旅游服务和旅游安全培训。

第十三条　经营漂流旅游的企业应保证所提供的漂流旅游服务符合保障旅游者在漂流旅游活动中的人身及财产安全的要求；在码头、漂流工具上应放置足够的救生衣或使用其他救生装备。

第十四条　经营漂流旅游的企业应保证漂流工具安全可靠，严格遵守核定的载客量，严禁违章操作。

第十五条　经营漂流旅游的企业应明确告示患有精神病、心脏病、高血压、痴呆病等病症的患者以及孕妇、老人、小孩和残病人等不宜参加漂流旅游。

第十六条　开展漂流旅游应在有关部门考察核定的、符合安全标准的水域内进行，经营漂流旅游的企业应配合有关部门，保持漂流水域的畅通及航道标志明显。

第十七条　漂流工具的操作人员必须经当地水运管理部门考试合格后方可上岗。上岗前必须由旅游管理部门或经营企业进行旅游服务和旅游安全培训。

第十八条　漂流工具的操作人员须向旅游者宣讲漂流旅游安全知识，介绍漂流工具上的安全设施及使用方法，说明漂流旅游中的安全注意事项和发生意外事故后的应急办法。

第十九条 由旅游者自行操作漂流工具进行漂流的，经营企业的工作人员应事先将有关注意事项详细告知旅游者，并在易发生事故的危险地段安排专人负责安全监护。

第二十条 投入经营使用的漂流工具必须具备下列条件：

（一）经有关部门检验，持有载明乘客定额、载重量、适航内容的合格证书；

（二）按有关规定选配操作人员；

（三）救生设备齐全。

第二十一条 已领取旅游部门发放认可证的经营企业，其漂流工具的买卖、转让、租赁、抵押、报废等须到当地旅游行政管理部门备案。

第二十二条 凡在漂流过程中发生旅游者伤亡事故或危及旅游者安全的其它事故，均为漂流旅游安全事故。

第二十三条 经营漂流旅游的企业应根据有关规定和当地具体情况制定意外事故处理预案。

第二十四条 一旦发生安全事故，经营漂汉旅游的企业应立即采取措施，组织救助，并向当地旅游行政管理部门及其它有关部门报告。

第二十五条 地方旅游行政管理部门在接到事故报告后，应立即将情况向上级旅游行政管理部门报告，并积极配合公安、交通、卫生等部门组织事故调查、伤员的救治和其他善后工作。

第二十六条 事故处理结束后，当地旅游行政管理部门责成漂流旅游的经营者整理出事故处理报告，内容包括；事故发生的时间、地点、事故原因、伤亡情况及财产损失、经验教训、处理结果等。当地旅游行政管理部门在将事故处理报告核定后，报上级旅游行政管理部门备案。

第二十七条 各地旅游行政管理部门可根据本办法及当地

实际制定实施细则，报国家旅游局备案。

第二十八条　本办法由国家旅游局负责解释。

第二十九条　本办法自 1998 年 5 月 1 日起施行。

最高人民法院关于审理旅游纠纷案件
适用法律若干问题的规定

(2010 年 9 月 13 日最高人民法院审判委员会第 1496 次会议通过)

为正确审理旅游纠纷案件，依法保护当事人合法权益，根据《中华人民共和国民法通则》、《中华人民共和国合同法》、《中华人民共和国消费者权益保护法》、《中华人民共和国侵权责任法》和《中华人民共和国民事诉讼法》等有关法律规定，结合民事审判实践，制定本规定。

第一条　本规定所称的旅游纠纷，是指旅游者与旅游经营者、旅游辅助服务者之间因旅游发生的合同纠纷或者侵权纠纷。

"旅游经营者"是指以自己的名义经营旅游业务，向公众提供旅游服务的人。

"旅游辅助服务者"是指与旅游经营者存在合同关系，协助旅游经营者履行旅游合同义务，实际提供交通、游览、住宿、餐饮、娱乐等旅游服务的人。

旅游者在自行旅游过程中与旅游景点经营者因旅游发生的纠纷，参照适用本规定。

第二条　以单位、家庭等集体形式与旅游经营者订立旅游合同，在履行过程中发生纠纷，除集体以合同一方当事人名义起诉外，旅游者个人提起旅游合同纠纷诉讼的，人民法院应予受理。

第三条　因旅游经营者方面的同一原因造成旅游者人身损害、财产损失，旅游者选择要求旅游经营者承担违约责任或者侵权责任的，人民法院应当根据当事人选择的案由进行审理。

第四条　因旅游辅助服务者的原因导致旅游经营者违约，旅游者仅起诉旅游经营者的，人民法院可以将旅游辅助服务者追加为第三人。

第五条　旅游经营者已投保责任险，旅游者因保险责任事故仅起诉旅游经营者的，人民法院可以应当事人的请求将保险公司列为第三人。

第六条　旅游经营者以格式合同、通知、声明、告示等方式作出对旅游者不公平、不合理的规定，或者减轻、免除其损害旅游者合法权益的责任，旅游者请求依据消费者权益保护法第二十四条的规定认定该内容无效的，人民法院应予支持。

第七条　旅游经营者、旅游辅助服务者未尽到安全保障义务，造成旅游者人身损害、财产损失，旅游者请求旅游经营者、旅游辅助服务者承担责任的，人民法院应予支持。因第三人的行为造成旅游者人身损害、财产损失，由第三人承担责任；旅游经营者、旅游辅助服务者未尽安全保障义务，旅游者请求其承担相应补充责任的，人民法院应予支持。

第八条　旅游经营者、旅游辅助服务者对可能危及旅游者人身、财产安全的旅游项目未履行告知、警示义务，造成旅游者人身损害、财产损失，旅游者请求旅游经营者、旅游辅助服务者承担责任的，人民法院应予支持。旅游者未按旅游经营者、旅游辅助服务者的要求提供与旅游活动相关的个人健康信息并履行如实告知义务，或者不听从旅游经营者、旅游辅助服务者的告知、警示，参加不适合自身条件的旅游活动，导致旅游过程中出现人身损害、财产损失，旅游者请求旅游经营者、旅游辅助服务者承担责任的，人民法院不予支持。

第九条　旅游经营者、旅游辅助服务者泄露旅游者个人信息或者未经旅游者同意公开其个人信息，旅游者请求其承担相应责任的，人民法院应予支持。

第十条　旅游经营者将旅游业务转让给其他旅游经营者，旅游者不同意转让，请求解除旅游合同、追究旅游经营者违约责任的，人民法院应予支持。旅游经营者擅自将其旅游业务转让给其他旅游经营者，旅游者在旅游过程中遭受损害，请求与其签订旅游合同的旅游经营者和实际提供旅游服务的旅游经营者承担连带责任的，人民法院应予支持。

第十一条　除合同性质不宜转让或者合同另有约定之外，在旅游行程开始前的合理期间内，旅游者将其在旅游合同中的权利义务转让给第三人，请求确认转让合同效力的，人民法院应予支持。因前款所述原因，旅游经营者请求旅游者、第三人给付增加的费用或者旅游者请求旅游经营者退还减少的费用的，人民法院应予支持。

第十二条　旅游行程开始前或者进行中，因旅游者单方解除合同，旅游者请求旅游经营者退还尚未实际发生的费用，或者旅游经营者请求旅游者支付合理费用的，人民法院应予支持。

第十三条　因不可抗力等不可归责于旅游经营者、旅游辅助服务者的客观原因导致旅游合同无法履行，旅游经营者、旅游者请求解除旅游合同的，人民法院应予支持。旅游经营者、旅游者请求对方承担违约责任的，人民法院不予支持。旅游者请求旅游经营者退还尚未实际发生的费用的，人民法院应予支持。

因不可抗力等不可归责于旅游经营者、旅游辅助服务者的客观原因变更旅游行程，在征得旅游者同意后，旅游经营者请求旅游者分担因此增加的旅游费用或旅游者请求旅游经营者退还因此减少的旅游费用的，人民法院应予支持。

第十四条 因旅游辅助服务者的原因造成旅游者人身损害、财产损失，旅游者选择请求旅游辅助服务者承担侵权责任的，人民法院应予支持。旅游经营者对旅游辅助服务者未尽谨慎选择义务，旅游者请求旅游经营者承担相应补充责任的，人民法院应予支持。

第十五条 签订旅游合同的旅游经营者将其部分旅游业务委托旅游目的地的旅游经营者，因受托方未尽旅游合同义务，旅游者在旅游过程中受到损害，要求作出委托的旅游经营者承担赔偿责任的，人民法院应予支持。旅游经营者委托除前款规定以外的人从事旅游业务，发生旅游纠纷，旅游者起诉旅游经营者的，人民法院应予受理。

第十六条 旅游经营者准许他人挂靠其名下从事旅游业务，造成旅游者人身损害、财产损失，旅游者请求旅游经营者与挂靠人承担连带责任的，人民法院应予支持。

第十七条 旅游经营者违反合同约定，有擅自改变旅游行程、遗漏旅游景点、减少旅游服务项目、降低旅游服务标准等行为，旅游者请求旅游经营者赔偿未完成约定旅游服务项目等合理费用的，人民法院应予支持。旅游经营者提供服务时有欺诈行为，旅游者请求旅游经营者双倍赔偿其遭受的损失的，人民法院应予支持。

第十八条 因飞机、火车、班轮、城际客运班车等公共客运交通工具延误，导致合同不能按照约定履行，旅游者请求旅游经营者退还未实际发生的费用的，人民法院应予支持。合同另有约定的除外。

第十九条 旅游者在自行安排活动期间遭受人身损害、财产损失，旅游经营者未尽到必要的提示义务、救助义务，旅游者请求旅游经营者承担相应责任的，人民法院应予支持。前款规定的自行安排活动期间，包括旅游经营者安排的在旅游行程中独立的自由活动期间、旅游者不参加旅游行程的活动期间以及旅游者经导游或者领队同意暂时离队的个人活动期间等。

第二十条　旅游者在旅游行程中未经导游或者领队许可，故意脱离团队，遭受人身损害、财产损失，请求旅游经营者赔偿损失的，人民法院不予支持。

第二十一条　旅游者提起违约之诉，主张精神损害赔偿的，人民法院应告知其变更为侵权之诉；旅游者仍坚持提起违约之诉的，对于其精神损害赔偿的主张，人民法院不予支持。

第二十二条　旅游经营者或者旅游辅助服务者为旅游者代管的行李物品损毁、灭失，旅游者请求赔偿损失的，人民法院应予支持，但下列情形除外：

（一）损失是由于旅游者未听从旅游经营者或者旅游辅助服务者的事先声明或者提示，未将现金、有价证券、贵重物品由其随身携带而造成的；

（二）损失是由于不可抗力、意外事件造成的；

（三）损失是由于旅游者的过错造成的；

（四）损失是由于物品的自然属性造成的。

第二十三条　旅游者要求旅游经营者返还下列费用的，人民法院应予支持：

（一）因拒绝旅游经营者安排的购物活动或者另行付费的项目被增收的费用；

（二）在同一旅游行程中，旅游经营者提供相同服务，因旅游者的年龄、职业等差异而增收的费用。

第二十四条　旅游经营者因过错致其办理的手续、存在瑕疵，或者未尽妥善保管义务而遗失、毁损，旅游者请求旅游经营者补办或者协助补办相关手续、并承担相应费用的，人民法院应予支持。因上述行为影响旅游行程，旅游者请求旅游经营者退还尚未发生的费用、赔偿损失的，人民法院应予支持。

第二十五条 旅游经营者事先设计，并以确定的总价提供交通、住宿、游览等一项或者多项服务，不提供导游和领队服务，由旅游者自行安排游览行程的旅游过程中，旅游经营者提供的服务不符合合同约定，侵害旅游者合法权益，旅游者请求旅游经营者承担相应责任的，人民法院应予支持。旅游者在自行安排的旅游活动中合法权益受到侵害，请求旅游经营者、旅游辅助服务者承担责任的，人民法院不予支持。

第二十六条 本规定施行前已经终审，本规定施行后当事人申请再审或者按照审判监督程序决定再审的案件，不适用本规定。

旅游投诉处理办法

第一章　总则

第一条 为了维护旅游者和旅游经营者的合法权益，依法公正处理旅游投诉，依据《中华人民共和国消费者权益保护法》、《旅行社条例》、《导游人员管理条例》和《中国公民出国旅游管理办法》等法律、法规，制定本办法。

第二条 本办法所称旅游投诉，是指旅游者认为旅游经营者损害其合法权益，请求旅游行政管理部门、旅游质量监督管理机构或者旅游执法机构（以下统称"旅游投诉处理机构"），对双方发生的民事争议进行处理的行为。

第三条　旅游投诉处理机构应当在其职责范围内处理旅游投诉。

地方各级旅游行政主管部门应当在本级人民政府的领导下，建立、健全相关行政管理部门共同处理旅游投诉的工作机制。

第四条　旅游投诉处理机构在处理旅游投诉中，发现被投诉人或者其从业人员有违法或犯罪行为的，应当按照法律、法规和规章的规定，作出行政处罚、向有关行政管理部门提出行政处罚建议或者移送司法机关。

第二章　管辖

第五条　旅游投诉由旅游合同签订地或者被投诉人所在地县级以上地方旅游投诉处理机构管辖。

需要立即制止、纠正被投诉人的损害行为的，应当由损害行为发生地旅游投诉处理机构管辖。

第六条　上级旅游投诉处理机构有权处理下级旅游投诉处理机构管辖的投诉案件。

第七条　发生管辖争议的，旅游投诉处理机构可以协商确定，或者报请共同的上级旅游投诉处理机构指定管辖。

第三章　受理

第八条　投诉人可以就下列事项向旅游投诉处理机构投诉：

（一）认为旅游经营者违反合同约定的；

（二）因旅游经营者的责任致使投诉人人身、财产受到损害的；

（三）因不可抗力、意外事故致使旅游合同不能履行或者不能完全履行，投诉人与被投诉人发生争议的；

（四）其他损害旅游者合法权益的。

第九条 下列情形不予受理：

（一）人民法院、仲裁机构、其他行政管理部门或者社会调解机构已经受理或者处理的；

（二）旅游投诉处理机构已经作出处理，且没有新情况、新理由的；

（三）不属于旅游投诉处理机构职责范围或者管辖范围的；

（四）超过旅游合同结束之日 90 天的；

（五）不符合本办法第十条规定的旅游投诉条件的；

（六）本办法规定情形之外的其他经济纠纷。

属于前款第（三）项规定的情形的，旅游投诉处理机构应当及时告知投诉人向有管辖权的旅游投诉处理机构或者有关行政管理部门投诉。

第十条 旅游投诉应当符合下列条件：

（一）投诉人与投诉事项有直接利害关系；

（二）有明确的被投诉人、具体的投诉请求、事实和理由。

第十一条 旅游投诉一般应当采取书面形式，一式两份，并载明下列事项：

（一）投诉人的姓名、性别、国籍、通讯地址、邮政编码、联系电话及投诉日期；

（二）被投诉人的名称、所在地；

（三）投诉的要求、理由及相关的事实根据。

第十二条 投诉事项比较简单的，投诉人可以口头投诉，由旅游投诉处理机构进行记录或者登记，并告知被投诉人；对于不符合受理条件的投诉，旅游投诉处理机构可以口头告知投诉人不予受理及其理由，并进行记录或者登记。

第十三条　投诉人委托代理人进行投诉活动的，应当向旅游投诉处理机构提交授权委托书，并载明委托权限。

第十四条　投诉人4人以上，以同一事由投诉同一被投诉人的，为共同投诉。

共同投诉可以由投诉人推选1至3名代表进行投诉。代表人参加旅游投诉处理机构处理投诉过程的行为，对全体投诉人发生效力，但代表人变更、放弃投诉请求或者进行和解，应当经全体投诉人同意。

第十五条　旅游投诉处理机构接到投诉，应当在5个工作日内作出以下处理：

（一）投诉符合本办法的，予以受理；

（二）投诉不符合本办法的，应当向投诉人送达《旅游投诉不予受理通知书》，告知不予受理的理由；

（三）依照有关法律、法规和本办法规定，本机构无管辖权的，应当以《旅游投诉转办通知书》或者《旅游投诉转办函》，将投诉材料转交有管辖权的旅游投诉处理机构或者其他有关行政管理部门，并书面告知投诉人。

第四章　处理

第十六条　旅游投诉处理机构处理旅游投诉，除本办法另有规定外，实行调解制度。

旅游投诉处理机构应当在查明事实的基础上，遵循自愿、合法的原则进行调解，促使投诉人与被投诉人相互谅解，达成协议。

第十七条　旅游投诉处理机构处理旅游投诉，应当立案办理，填写《旅游投诉立案表》，并附有关投诉材料，在受理投诉之日起 5 个工作日内，将《旅游投诉受理通知书》和投诉书副本送达被投诉人。

对于事实清楚、应当即时制止或者纠正被投诉人损害行为的，可以不填写《旅游投诉立案表》和向被投诉人送达《旅游投诉受理通知书》，但应当对处理情况进行记录存档。

第十八条 被投诉人应当在接到通知之日起 10 日内作出书面答复，提出答辩的事实、理由和证据。

第十九条 投诉人和被投诉人应当对自己的投诉或者答辩提供证据。

第二十条 旅游投诉处理机构应当对双方当事人提出的事实、理由及证据进行审查。

旅游投诉处理机构认为有必要收集新的证据，可以根据有关法律、法规的规定，自行收集或者召集有关当事人进行调查。

第二十一条 需要委托其他旅游投诉处理机构协助调查、取证的，应当出具《旅游投诉调查取证委托书》，受委托的旅游投诉处理机构应当予以协助。

第二十二条 对专门性事项需要鉴定或者检测的，可以由当事人双方约定的鉴定或者检测部门鉴定。没有约定的，当事人一方可以自行向法定鉴定或者检测机构申请鉴定或者检测。

鉴定、检测费用按双方约定承担。没有约定的，由鉴定、检测申请方先行承担；达成调解协议后，按调解协议承担。

鉴定、检测的时间不计入投诉处理时间。

第二十三条 在投诉处理过程中，投诉人与被投诉人自行和解的，应当将和解结果告知旅游投诉处理机构；旅游投诉处理机构在核实后应当予以记录并由双方当事人、投诉处理人员签名或者盖章。

第二十四条 旅游投诉处理机构受理投诉后，应当积极安排当事双方进行调解，提出调解方案，促成双方达成调解协议。

第二十五条 旅游投诉处理机构应当在受理旅游投诉之日起 60 日内，作出以下处理：

（一）双方达成调解协议的，应当制作《旅游投诉调解书》，载明投诉请求、查明的事实、处理过程和调解结果，由当事人双方签字并加盖旅游投诉处理机构印章；

（二）调解不成的，终止调解，旅游投诉处理机构应当向双方当事人出具《旅游投诉终止调解书》。

调解不成的，或者调解书生效后没有执行的，投诉人可以按照国家法律、法规的规定，向仲裁机构申请仲裁或者向人民法院提起诉讼。

第二十六条 在下列情形下，经旅游投诉处理机构调解，投诉人与旅行社不能达成调解协议的，旅游投诉处理机构应当做出划拨旅行社质量保证金赔偿的决定，或向旅游行政管理部门提出划拨旅行社质量保证金的建议：

（一）旅行社因解散、破产或者其他原因造成旅游者预交旅游费用损失的；

（二）因旅行社中止履行旅游合同义务、造成旅游者滞留，而实际发生了交通、食宿或返程等必要及合理费用的。

第二十七条 旅游投诉处理机构应当每季度公布旅游者的投诉信息。

第二十八条 旅游投诉处理机构应当使用统一规范的旅游投诉处理信息系统。

第二十九条 旅游投诉处理机构应当为受理的投诉制作档案并妥善保管相关资料。

第三十条 本办法中有关文书式样，由国家旅游局统一制定。

第五章 附则

第三十一条 本办法由国家旅游局负责解释。

第三十二条 本办法自 2010 年 7 月 1 日起施行。《旅行社质量保证金暂行规定》、《旅行社质量保证金暂行规定实施细则》、《旅行社质量保证金赔偿暂行办法》同时废止。

后 记

——关于旅游消费维权课题研究小组的说明

在我多年的法律服务工作中，接触了大量的旅游消费维权案例，结合自己的旅游文化创意营销和旅游消费维权工作经验，我把一些有共同特性的案例进行了总结归纳，为使广大旅游者在旅游期间能"明明白白消费"，更好地依法维权，我特意组织了一批研究旅游法的资深律师，专家及旅游从业人员组成了一个"旅游消费维权课题组"，通过研究大量的旅游消费陷阱的案例来给予专业的旅游消费维权的提示和支招，希望能够给广大旅游者带去启迪和增强法律保护意识，做一个真正的精明的旅游人。

本次课题的研究主要是告诉旅游者们如何选择旅行社，如何规避旅途过程中的消费陷阱以及依法维护权益要求赔偿等。同时，旅游者在旅途中须遵守我国及相关目的地国家的法律和法规，参加自费项目不要违法，在旅游过程中不要参加黄、赌、毒活动，若参与这些活动造成的任何问题，后果都由旅游者自己负责，不要轻信当地地接社导游出示的供游客选择的所谓某国某地旅游部门推荐的"自费项目表"。旅游者在旅游途中出现服务质量问题，可与旅行社协商解决。协商不成，可在完成行程后到出游报名所在地的市、区（县）旅游质监部门投诉。旅游质监部门经调查核实后，根据有关规定提出处理意见。投诉时效为 90 天，旅游者也可以提请仲裁机构仲裁或向人民法院起诉。

课题组也联合了各大旅游网站，通过微博微信等自媒体平台，发起成立了一个中国旅游消费维权律师团，目前已经吸纳了几十位律师参与。计静怡律师任团长，任国强律师为副团长。同时也得到了新华网、人民网、新浪、搜狐、腾讯、华律网、绿狗网等网站的大力支持与帮助。旅游维权律师团的 QQ 群号是 234236219，也欢迎有爱心的媒体记者和专业律师加入。

当然，还有很多的旅游维权技巧及渠道方法，已经在本书内进行了详尽的说明和解读。特别是对于 2013 年 10 月 1 日实施的《旅游法》，本课题组也做了专业的解读和分析，期待在国家相关法律法规的规范下，旅游服务业从业机构能够端正态度，提供更有优质的旅游服务，净化旅游服务市场，一起美化旅游市场，创造新的旅游发展局面。

感谢旅游维权律师团以下律师朋友和媒体记者的支持与帮助。他们是计静怡、任国强 、郜晗、王杰、李雪、刘娜、赵丹丹、靳春雷、张伟、梁景国、林颉飞、李习林等。

徐浩然

2013 年 9 月 23 日

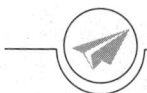

旅游维权律师专家团

　　徐浩然，整合营销专家，中国律师经纪第一人，中国法商论坛主要策划人。中国政法大学出版社特约策划人。先后策划编著了《律师，如何赢在网络》、《大义精诚——中国当代律师经典案例》、《西南第一辩》、《信仰的力量》等书籍。先后策划了中国法商论坛、公司法律顾问年会＋中国专利律师大会＋知识产权律师峰会（仅限全球 500 强公司法务人员参加）。旅游爱心工程首席策划、CCTV－10《地理中国》栏目特约策划。

　　计静怡，中国政法大学法律硕士，中国政法大学法律应用研究中心研究员，北京市律师协会金融衍生品法律专业委员会秘书长。旅游爱心工程首批爱心大使暨总法律顾问。台湾海峡两岸古文物研究发展协会海外（大陆地区）总法律顾问。中共中央宣传部等 13 部委联合举办的"全国打击侵犯知识产权和制售假冒伪劣商品专项行动"的专家组成员。

　　任国强，四川新开元律师事务所的高级合伙人，自 2001 年开始执律师业，几年来致力于钻研合同法、公司法及金融法律理论和律师实务。四川电视台《非常话题》特约嘉宾，多家网络民生栏目特约维权律师。2011 年度当选中国首届百

强大律师之一。

靳春雷，北京华沛德权律师事务所律师，爱好旅游，为多家大型公司和企业的常年法律顾问，诉讼经验丰富。擅长处理公司经营期间的对内外的法律纠纷，股东间股权纠纷，公司内部员工的劳动争议纠纷。长期研究《合同法》、《侵权责任法》、《消费者权益保护法》相关的案件和纠纷，积累了丰富的经验。

张伟，旅游达人，北京市康达律师事务所律师，曾服务于数十家国有企业、央企、上市公司，提供日常法律服务，进行经营风险管理，并参与企业的并购、对外投资项目。

先后办理了大量的商事诉讼案件，涉及房地产、金融、旅游、制造等多个领域，包括旅游消费维权、股权纠纷、合作纠纷、债权债务纠纷等不同类型的争议。

梁景国，毕业于中国政法大学民商经济法学院，北京市华沛德权律师事务所律师。十年法院系统从事民事审判和执行工作经验，工作中扎实认真、务实高效，并在公司法、劳动法、民商法实务领域卓有建树，成绩斐然。

图书在版编目（CIP）数据

旅游维权完全手册 / 徐浩然著. -- 北京 ：中国政法大学出版社，2013.8

ISBN 978-7-5620-4944-9

Ⅰ．①旅… Ⅱ．①徐… Ⅲ．①旅游业－法规－中国－手册 Ⅳ．①D922.296-62

中国版本图书馆CIP数据核字(2013)第190063号

书　　名	旅游维权完全手册 LUYOU WEIQUAN WANQUAN SHOUCE
出版发行	中国政法大学出版社(北京市海淀区西土城路 25 号)
	北京 100088 信箱 8034 分箱　　邮政编码 100088
	邮箱 zhengfadch@126.com
	http://www.cuplpress.com（网络实名：中国政法大学出版社）
	(010) 58908586(编辑室) 58908285(总编室) 58908334(邮购部)
承　　印	固安华明印刷厂
规　　格	880mm×1230mm　　32 开本　　9.5 印张　　220 千字
版　　本	2013 年 9 月第 1 版　　2013 年 9 月第 1 次印刷
书　　号	ISBN 978-7-5620-4944-9/D・4904
定　　价	26.00 元

声　　明　　1. 版权所有，侵权必究。

　　　　　　2. 如有缺页、倒装问题，由印刷厂负责退换。